Andrea Erkert

Das Stuhlkreisspiele Buch

Bewegte und ruhige Spielideen
zu jeder Zeit und zwischendurch

Illustrationen: Kerstin Heinlein

Ökotopia Verlag, Münster

Impressum

Autorin: Andrea Erkert
Illustrationen: Kerstin Heinlein
Satz: Druckvorstufe Hennes Wegmann, Münster
ISBN: 3-936286-26-4

6 7 8 9 · 09 08 07 06 05

Inhalt

Einleitung

Stuhlkreisspiele erfreuen sich in Kindergärten und Grundschulen seit langem großer Beliebtheit. Sie sind als Ritual fester Bestandteil des Tagesablaufs oder werden einfach zwischendurch zur Auflockerung und Überbrückung eingesetzt. Dabei bieten Stuhlkreisspiele einige nicht zu unterschätzende Vorteile:

Allein schon die Anordnung der Stühle im Kreis ermöglicht einen guten Blickkontakt der Kinder untereinander und macht die Spiele überschaubar. Die Spielregeln können insbesondere von jüngeren Kinder schneller nachvollzogen und so insgesamt von der Gruppe leichter eingehalten werden. Die Spielleitung, die die Regeln erklärt, sitzt mit im Stuhlkreis und nimmt aktiv am Spielgeschehen teil. Auf diese Weise erleben die Kinder deren kooperatives Spielverhalten und lassen sich von ihrer Begeisterung anstecken, die ihnen vor allem Sicherheit und viel Motivation zum Mitspielen gibt. Außerdem kann die Spielleitung im Stuhlkreis besonders gut das Spiel- und Sozialverhalten der Kinder beobachten und wenn nötig entsprechend in das Spielgeschehen eingreifen.

Durch die Kreisform bauen die Kinder fast wie von selbst einen guten Kontakt untereinander auf und entwickeln somit erstaunlich schnell ein Zugehörigkeitsgefühl zur Gruppe. Reichen sich die Kinder im Kreis zudem die Hände, wird rasch deutlich, dass sie durch diese Verbundenheit eine in sich geschlossene Gemeinschaft darstellen. Weil der Kreis weder Anfang noch Ende hat, sitzen alle Kinder gleichberechtigt nebeneinander, alle sind gleich weit von der Mitte entfernt, fest in das Spielgeschehen integriert und zu keiner Zeit ausgeschlossen.

Die Aufstellungsform im Kreis ermöglicht aber ebenso, dass einzelne Kinder im Spiel aus der Verbundenheit der Gruppe heraus in die Mitte des Kreises treten, ihre Fähigkeiten zeigen und dabei die bewundernden Blicke ihrer MitspielerInnen genießen können. Indem die betreffenden Kinder im wahrsten Sinne des Wortes „im Mittelpunkt stehen", erleben sie sich selbst und die Gruppe aus einer völlig neuen Perspektive, durch die ihr Selbstvertrauen gestärkt wird.

Um in der täglichen Praxis eine abwechslungsreiche Gestaltung und ein gezieltes Einsetzen von Stuhlkreisspielen zu unterstützen, werden in diesem Buch eine Fülle von Spielideen zu vielfältigen Gelegenheiten vorgestellt. Die einzelnen Kapitel enthalten neben den zahlreichen Spielaktionen auch einleitende Hinweise für die

Praxis. Zu allen Spielen finden sich empfohlene Altersangaben – manchmal gibt es auch einfachere und schwierigere Varianten, die für unterschiedliche Altersgruppen geeignet sind.

Die meisten Spiele sind ohne Aufwand sofort umsetzbar und benötigen an Materialien – wenn überhaupt – nur solche, die in der Regel in der Einrichtung bereits vorhanden sind.

Dadurch, dass sämtliche Spiele nicht auf eine bestimmte SpielerInnenanzahl beschränkt sind, können alle Kinder aus der Gruppe aktiv am Spielgeschehen teilnehmen. Zudem wurde bei der Konzeption der Spiele viel Wert darauf gelegt, dass die Kinder niemals ganz ausscheiden bzw. verlieren können, damit sie jedes Spiel vom Anfang bis zum Ende erleben und statt Frustrationen möglichst motivierende Erlebnisse mit nach Hause nehmen.

Dieser und viele andere der genannten Punkte werden dazu beitragen, dass Kinder immer wieder mit einer unglaublichen Faszination und Freude im Stuhlkreis mitspielen!

Und nun wünsche ich allen kleinen und großen Stuhlkreis-Fans viel Spaß mit dem vorliegenden Buch!

Ihre
Andrea Erkert

Hallo, wer bist du denn?

20 Spiele zum Kennenlernen

Kinder, die einander noch fremd sind, müssen zuerst einmal ihre Unsicherheiten und Ängste überwinden, um unbefangen aufeinander zugehen zu können. Vor allem den Allerkleinsten, die mit dem Kindergarteneintritt in eine ganz neue und ungewohnte Umgebung kommen, fällt es oftmals schwer, sich auf die neue Situation mit unbekannten Bezugspersonen und jeder Menge fremder Kinder einzustellen.

Um sie mit dieser schwierigen Aufgabe nicht alleine zu lassen, bieten sich Stuhlkreisspiele zur Kontaktaufnahme an, bei denen die Kinder zunächst einmal die Namen ihrer MitspielerInnen kennen lernen. Auf diese Weise können alle Kinder relativ rasch miteinander in Kontakt treten und sich gegenseitig ansprechen.

Hier ist es besonders wichtig, dass die Spielregeln für alle Kinder verständlich sind und die Aufgaben sie nicht überfordern. Denn nur dann entsteht eine lockere Spielatmosphäre, in der Ängste, Bedenken und Zweifel in den Hintergrund treten. So ist es nicht verwunderlich, dass Kinder, die spielerisch miteinander Kontakte knüpfen, in der Regel bald an Vertrauen und Sicherheit gewinnen.

Erleben die Kinder zudem, dass die Spielleitung selbst mit Begeisterung mitspielt, beteiligen sich insbesondere auch jüngere, schüchterne und zurückhaltende Kinder viel eher aktiv am Spielgeschehen und erhalten dadurch wesentlich leichter einen Zugang zur Gruppe.

Lebenslichter

Alter: ab 3 Jahren
Material: 6 dicke Wachskerzen, 6 Untersetzer, Streichhölzer

In der Stuhlkreismitte stellt die Spielleitung drei dicke Wachskerzen auf die Untersetzer und zündet sie nacheinander an. Brennen die Kerzen, sagt die Spielleitung folgenden Spruch zu den Kindern im Stuhlkreis: *„Seht ihr die drei Lebenslichter brennen, dann dürfen alle Kinder, die drei Jahre alt sind, ihren Vornamen nennen. Damit wir die Kinder auch gut sehen, dürfen*

sie gemeinsam in die Kreismitte gehen!"
Alle 3-jährigen stehen auf, gehen in die Mitte des Kreises und nennen nacheinander ihre Vornamen, bevor sie sich wieder auf ihren Stuhl setzen.

Die Spielleitung zündet eine weitere Kerze an und wiederholt den Spruch auf die gleiche Art für alle 4-jährigen usw.

Hallo, Nachbarskind!

Alter: ab 4 Jahren
Material: 1 Handtrommel, 1 Triangel o. ä. Instrumente

Alle Kinder begrüßen ihre rechten und linken NachbarInnen, indem sie sich gegenseitig mit ihrem Vornamen vorstellen und von ihren Lieblingsbeschäftigungen erzählen. Ist ein kräftiger Trommelschlag zu hören, verabschieden sich die Kinder voneinander und suchen sich einen neuen Platz. Sobald der Triangel erklingt, fängt das Spiel von vorn an.

Erst wenn sich alle Kinder gegenseitig begrüßt haben, ist das Spiel beendet.

Variante

Immer wenn die Kinder sich gegenseitig begrüßt und mit ihren Vornamen vorgestellt haben, gibt die Spielleitung eine Frage vor, die die Kinder sich gegenseitig beantworten sollen. Diese kann sich auf folgende Dinge beziehen:

- Alter
- Anzahl der Geschwister
- Lieblingsfarbe
- Lieblingsessen
- Haustier
- Wünsche etc.

Namens-Echo

Alter: ab 4 Jahren

Die Spielleitung flüstert einem ihrer SitznachbarInnen den Vornamen eines beliebigen Kindes ins Ohr. Dieses wiederholt den Namen laut, hält allerdings dabei seine Hand vor den Mund. Glaubt eines der anderen Kinder seinen Vornamen zu erkennen, wiederholt es diesen laut. Hat es richtig gehört, flüstert es einem seiner NachbarInnen einen neuen Namen ins Ohr.

Variante für jüngere Kinder

Reihum stellt sich jedes Kind laut und deutlich mit seinem Vornamen vor. Die anderen Kinder halten eine Hand vor ihren Mund und wiederholen den Namen als leises Echo.

Auf nach Madrid!

Alter: ab 4 Jahren
Material: 1 Trillerpfeife

Bis auf ein Kind sitzen alle im Stuhlkreis. Das Kind, das keinen Stuhl hat, stellt sich in die Mitte und spielt ZugführerIn. Es geht dazu im Kreis herum und sagt: *„Ich heiße Francesco und fahre mit dem Zug bis nach Madrid. Halte ich jetzt an, dann darfst du mit!"* Ist der letzte Satz beendet,

bleibt der Zugführer stehen. Das Kind, das direkt neben ihm sitzt, stellt sich vor ihm auf und beginnt die nächste Runde mit dem alten Zugführer im Schlepptau: *„Ich heiße Tanja und fahre mit dem Zug bis nach Madrid..."*

Dies wird so oft fortgesetzt, bis sich das sechste Kind als ZugführerIn der Gruppe anschließt. In diesem Moment pfeift die Spielleitung auf ihrer Trillerpfeife und der neue Zugführer sagt: *„Ich heiße Nils und begrüße alle Fahrgäste in Madrid!"*

Bei dem letzten Wort laufen alle Kinder aus der Schlange los, um sich blitzschnell einen freien Platz im Stuhlkreis zu suchen. Das Kind, das keinen freien Platz finden konnte, übernimmt die Rolle des Zugführers und das Spiel beginnt von vorn.

Babyfotos

Alter: ab 6 Jahren
Material: 1 Babyfoto pro Kind

Alle Kinder halten ihr Babyfoto eine Weile für die Gruppe gut sichtbar in den Händen, bevor sie es in die Stuhlkreismitte legen. Ein Kind geht in die Mitte und sucht sich eines der Fotos aus, um es seinem Eigentümer zu übergeben. Stimmen Foto und Kind überein, stellt sich das Fotokind der Gruppe mit seinem Namen vor und sucht als nächstes ein Foto aus.

Variante für jüngere Kinder

In der Stuhlkreismitte liegt von jedem Kind ein aktuelles Foto, das die Kinder entweder von zu Hause mitgebracht haben oder das die Spielleitung mit einer Sofortbildkamera vor dem Spiel geknipst hat.
Die Spielleitung sucht ein Bild aus, hebt es in die Luft, sodass die Gruppe es gut sehen kann, und fragt: „Wer ist das Kind auf dem Foto?" Das entsprechende Kind steht auf und stellt sich mit seinem Namen vor. Anschließend sucht es sich ein weiteres Foto aus und wiederholt das Spiel.

Wer sitzt auf dem Kissen?

Alter: ab 5 Jahren
Material: 1 Sitzkissen

Auf einen der Stühle im Kreis legt die Spielleitung ein Sitzkissen. Dieser „Vorstellungsstuhl" bleibt zunächst unbesetzt. Die Spielleitung stellt sich in die Mitte und gibt verschiedene Kommandos:

- *linksherum:* alle Kinder rutschen einen Platz nach links weiter
- *rechtsherum:* alle Kinder rutschen einen Platz nach rechts weiter
- *sitzen bleiben:* das Kind, das nun auf dem Kissen sitzt, stellt sich mit seinem Namen vor! Anschließend tauscht das Kind seinen Platz mit der Spielleitung und sagt die nächste Runde an.

Dadurch, dass innerhalb einer Spielrunde beliebig häufig die Richtungen gewechselt werden können, bleibt das Ganze bis zu den Worten *„Sitzen bleiben!"* immer äußerst spannend.
Hinweis: Zur besseren Unterscheidung der Kommandos *„linksherum"* und *„rechtsherum"* binden sich die Kinder verschieden farbige Bänder um die Handgelenke und die Kommandos richten sich nach den Farben.

Alphabetische Vorstellungsrunde

Alter: ab 6 Jahren
Material: 26 weiße DIN A 4 Blätter,
1 Stift

Vorbereitung:
Die Spielleitung schreibt auf jeden Zettel gut leserlich einen Buchstaben des Alphabets.

Spielablauf:
Die Spielleitung zeigt den Kindern das Blatt mit dem Buchstaben „A". Alle Kinder, deren Vorname mit A beginnt, gehen in die Kreismitte, begrüßen sich dort und stellen sich mit ihrem Namen vor. Hält die Spielleitung den Buchstaben B hoch, stellen sich alle Kinder, deren Vorname mit „B" beginnt, nicht nur gegenseitig vor, sondern begrüßen auch die bereits in der Mitte stehenden Kinder mit ihrem Namen.
Das Spiel wird solange fortgesetzt, bis alle Kinder in der Kreismitte stehen.

Variante für jüngere Kinder

Die Spielleitung nennt einen Anlaut, z. B. „B" (statt „Be") oder „D" (statt „De"). Alle Kinder, deren Vorname mit diesem Anlaut beginnt, treffen sich in der Kreismitte, begrüßen sich und stellen sich vor.

Namenswürfel

Alter: ab 4 Jahren
Material: 1 großer Schaumstoffwürfel

Das jüngste Kind erhält einen großen Schaumstoffwürfel und würfelt. Entsprechend der Augenzahl stehen z. B. vier Kinder, die rechts von dem jüngsten Kind sitzen, nacheinander auf und sagen ihren Namen. Das letzte Kind in der Reihe würfelt als nächstes.

Der geheime Vorname

Alter: ab 4 Jahren

Die Spielleitung flüstert den Namen eines Kindes aus dem Kreis in das Ohr ihres Nachbarn. Die Kinder geben den Namen flüsternd reihum weiter. Glaubt ein Kind, seinen eigenen Vornamen zu erkennen, ruft es laut: *Ja, ich heiße Fatma!* Hat die Spielleitung zu Beginn diesen Namen genannt, begrüßt sie das Kind. Stimmt der Name nicht, schüttelt die Spielleitung den Kopf, geht zu dem Kind hin und flüstert ihm den ursprünglichen Namen ins Ohr, sodass die Suche fortgesetzt werden kann.

Rote Hose – Pferdeschwanz

Alter: ab 4 Jahren

Alle Kinder stellen sich nacheinander laut und deutlich mit ihrem Vornamen vor. Die anderen Kinder, die aufmerksam zuhören, versuchen sich die einzelnen Namen gut zu merken.

Sind alle Kinder an der Reihe gewesen, beschreibt die Spielleitung das Aussehen eines beliebigen Kindes aus der Gruppe, z. B. „*Wer trägt eine rote Hose und hat einen langen Pferdeschwanz?*" Alle Kinder überlegen, welches Kind sie meint und wie es heißt. Sobald die Gruppe den richtigen Namen genannt hat, ist dieses Kind an der Reihe, ein anderes zu beschreiben.

Sich gegenseitig wahrnehmen

Alter: ab 5 Jahren
Material: 1 Ball

Jeweils zwei SitznachbarInnen betrachten sich intensiv, um sich möglichst viele Details zu merken, die ihnen aneinander auffallen, z. B. Haarfarbe oder Haarlänge, Kleidung, Augenfarbe, evtl. Schmuck etc. Eines der Paare stellt sich Rücken an Rücken in der Kreismitte auf, sodass sie sich gegenseitig nicht ansehen können.

Ein Kind aus dem Sitzkreis erhält den Ball und stellt einem der beiden Kinder eine Frage, die sich auf das Aussehen seines Partners bezieht, z. B.: „*Hat Alex blonde Haare?*" Der Gefragte antwortet eindeutig mit „*Ja!*" oder „*Nein!*" Ist die Antwort richtig, wirft der Fragesteller den Ball einem anderen Kind im Kreis zu, das eine neue Frage stellt. Ist die Antwort falsch, darf sich das befragte Kind kurz zu seinem Partner umdrehen, um sich zu vergewissern und zu korrigieren.

Wurden insgesamt drei Fragen von den beiden Kindern richtig beantwortet, tauschen sie mit einem anderen Paar die Rollen.

Lieblingsbeschäftigungen

Alter: ab 5 Jahren
Material: Sanduhr (Laufzeit: ca. 1 Minute), 1 Ball

Ein Kind tritt mit dem Ball in die Kreismitte. Die Spielleitung dreht die Sanduhr um. Jetzt das Kind eine Minute Zeit, um der Gruppe etwas über seine Lieblingsbeschäftigungen zu erzählen. Ist die Sanduhr abgelaufen, wirft das Kind in der Mitte den Ball einem Kind aus dem Kreis zu. Dieses wiederholt eine der gehörten Lieblingsbeschäftigungen und wirft den Ball einem anderen Kind zu. Sobald ein Kind nichts mehr hinzufügen kann, ist die Runde beendet und das nächste Kind tritt in die Mitte.

Variante

Die Kinder nennen statt ihren Lieblingsbeschäftigungen zuerst ihre Lieblingsspeisen und dann solche, die sie gar nicht mögen – wer merkt sich alles genau und wirft nichts durcheinander?

Frühlingskinder

Alter: ab 5 Jahren
Material: je 1 grünes, gelbes, braunes und weißes Wollknäuel

Ein Kind, das im Frühling geboren wurde, nimmt das grüne Wollknäuel und fragt die Gruppe, wer von ihnen ebenfalls im Frühling Geburtstag hat. Es hält das Ende der Schnur fest und wirft das Knäuel einem der betreffenden Kinder zu. Dieses hält wiederum die Schnur fest und wirft das Knäuel weiter, sodass ein grünes Verbindungsnetz zwischen allen „Frühlingskindern" entsteht.

Als nächstes nimmt ein „Sommerkind" das gelbe Knäuel und startet das zweite Netz, bis schließlich vier Netze die Gruppe verbinden.

Eis oder Pudding?

Bei diesem Spiel lernen die Kinder sich gegenseitig besser kennen und einzuschätzen.

Alter: ab 6 Jahren

Ein Kind tritt in die Stuhlkreismitte und stellt der Gruppe eine Frage, z. B.: „Kann ich besser Fahrrad fahren oder schwimmen?" „Spiele ich lieber mit dem Hüpfball oder schaue ich mir lieber ein Bilderbuch an?" „Esse ich zum Nachtisch lieber Eis oder Pudding?" „Wünsche ich mir ein neues Fahrrad oder lieber einen Ausflug in den Zoo?"
Alle Kinder stellen ihre Vermutung pantomimisch dar. Der Fragesteller nennt den Namen des Kindes, das als erstes stillschweigend die richtige Antwort gibt. Es tauscht mit ihm die Plätze und das Spiel beginnt von vorn.

Taschenbesitzer gesucht

Alter: ab 4 Jahren
Material: 1 Kindergarten- oder Schultasche pro Kind

Alle Kinder sitzen mit ihrer Tasche im Kreis und begutachten gegenseitig ihre Taschen, bevor sie alle in die Mitte gelegt werden.
Ein Kind geht in die Kreismitte, hebt eine der Taschen hoch und nennt den Namen des Besitzers. Ist seine Vermutung richtig, holt der aufgerufene Taschenbesitzer seine Tasche ab, stellt sie zu seinem Stuhl und wiederholt das Spiel mit einer anderen Tasche. Erst wenn alle Taschen verteilt wurden, ist das Spiel beendet.

Variante

Anstelle der Taschen werden die BesitzerInnen von Jacken, Hausschuhen oder im Winter von Mützen gesucht.

Tierische Begrüßung

Alter: ab 5 Jahren
Material: 1 Tiermemory-Kärtchen für die Hälfte der Kinder, Musik

Die Hälfte der Kinder hält jeweils ein Tierkärtchen in den Händen. Erklingt die Musik, stehen alle Kinder auf und tanzen im Kreis herum, wobei sie die Kärtchen unaufhörlich weitergegeben.
Stoppt die Musik, halten alle Kinder mit einem Kärtchen dieses gut sichtbar hoch. Alle Anderen suchen sich einen Platz im Stuhlkreis und winken je eines von den Kindern zu sich her. Die betreffenden Kinder bewegen sich in der Fortbewegungsart des Tieres auf ihrem Kärtchen auf ihren Partner zu. Stehen sie vor dem sitzenden Kind, begrüßen sich die Beiden gegenseitig mit ihren Namen. Anschließend beginnt eine neue Tanzrunde.

Der Teddybär geht im Kreis herum

Alter: ab 3 Jahren
Material: 1 Teddybär

Die Spielleitung geht mit einem Teddybären im Kreis herum, während die Gruppe folgenden Spruch aufsagt: *„Der Teddybär geht im Kreis herum und schaut sich überall gut um."* Die Spielleitung bleibt stehen und wendet sich dem Kind zu, das ihr am nächsten sitzt. Die Gruppe fährt fort: *„Hält der Teddybär jetzt an, dann ist Jelena dran!"* Die Spielleitung übergibt den Teddybären dem Kind, dass die nächste Runde mit dem Bären dreht.

Gemeinsamkeiten entdecken

Alter: ab 4 Jahren

Ein Kind tritt in die Kreismitte und stellt eine Frage, z. B.: *„Wer hat so blaue Augen wie ich?" „Wer puzzelt genauso gerne wie ich?" „Wer ist auch gerne Lakritz?" „Wer von euch hat auch zwei Geschwister?"*
Alle Kinder, die sich angesprochen fühlen, stehen auf und das Kind in der Mitte wählt eines von ihnen mit Namen aus. Dieses tauscht mit ihm den Platz und stellt die nächste Frage.

Überraschungs-bekanntschaft

Alter: ab 3 Jahren
Material: evtl. 1 Handtrommel

Alle Kinder bilden einen Stehkreis. Ein Kind stellt sich mit geschlossenen Augen in die Mitte und geht langsam auf irgendein Kind zu. Berührt es schließlich eines von ihnen, öffnet es seine Augen und schaut nach, bei wem es gelandet ist. Die Kinder begrüßen sich gegenseitig mit Namen und tauschen die Rollen.

Variante

Während die Spielleitung trommelt, geht, läuft oder hüpft ein Kind dazu im Kreis herum. Verstummt die Trommel, bleibt es stehen und dreht sich zu dem Kind, das ihm am nächsten steht. Daraufhin begrüßen sich die beiden Kinder und tauschen ihre Plätze, sodass das Spiel erneut beginnt.

Der Freundschaftsring

Alter: ab 5 Jahren
Material: 1 Gymnastikreifen; evtl. 1 Softball

Alle Kinder bilden einen Stehkreis. Ein Kind erhält den Gymnastikreifen und sagt: *„Ich heiße Lukas und rolle Fabian den Freundschaftsring zu!"* Das angesprochene Kind fängt den Reifen auf und rollt ihn mit dem gleichen Spruch einem anderen Kind zu.

Varianten

- **Jüngere Kinder** verwenden anstelle des Gymnastikreifens einen Softball, der als „Freundschaftsball" von Kind zu Kind rollt.
- **Ältere Kinder** sagen statt des Spruchs nur ihren eigenen Namen und den Namen des anderen Kindes hintereinander, sodass das Spiel mehr Geschwindigkeit erhält.

Miteinander spielen

15 Spiele für eine ausgeglichene Gruppenatmosphäre

Unbefangen aufeinander zugehen, miteinander kommunizieren, füreinander da sein, gemeinsam jede Menge Spaß haben – dies sind einige nicht zu unterschätzende Erfahrungswerte und bedeutsame Erlebnisse, die Kinder durch kooperative Spiele machen können. Hier gibt es keine SiegerInnen und VerliererInnen, die Kinder scheiden im Spielverlauf nicht aus und werden nicht nach erbrachten Leistungen bewertet. Stattdessen erleben alle Kinder auf verspielte Weise ein stabiles, vertrauensvolles und respektvolles Miteinander.

Um eine positive Atmosphäre in der Gruppe zu erreichen und beizubehalten, wurde bei den nachfolgenden Spielen viel Wert auf lockere und ungezwungene Körper- und Kontakterfahrungen gelegt, bei denen sich die Kinder gegenseitig berühren, umarmen, spüren, beobachten, zuhören und erleben. Ebenso wichtig wie das Aufeinanderzugehen ist dabei das Wahrnehmen und die Achtung von Grenzen, um sich wohl und gut aufgehoben zu fühlen.

Neben der Förderung eines gesunden Körperbewusstseins wird so die optische und soziale Wahrnehmungsfähigkeit sowie das Einfühlungsvermögen geschult. Die Kinder empfinden sich als Teil der Gruppe und entwickeln eine spürbare Verbundenheit zueinander.

Aufeinander zugehen

Partnerschaftlich miteinander umgehen, sich angenommen und akzeptiert fühlen sind wichtige Voraussetzungen, die das Zusammengehörigkeitsgefühl innerhalb einer Gruppe stärken. Um solche positiven Erfahrungen machen zu können, bietet sich das folgende Spiel an.

Alter: ab 3 Jahren
Material: 1 Triangel

Die Kinder bilden einen großzügigen Stehkreis und die Spielleitung stellt sich mit einem Triangel in die Mitte. Alle stellen sich vor, sie befinden sich draußen in der freien Natur und genießen die warmen Strahlen der Sonne. Mit dem ersten Klang des Triangels aber schiebt sich eine dunkle Wolke vor die Sonne und es wird kälter. Daraufhin reichen sich alle Kinder die Hände, um sich etwas zu wärmen. Ist der Triangel erneut zu hören, kommt ein pfeifender Wind auf und es wird noch kälter, sodass alle Kinder näher zusammenrücken, indem sie einen Schritt nach vorne gehen.

Auf diese Art wird das Spiel solange weitergeführt, bis es schließlich eiskalt ist und die Kinder so nah zusammen stehen, dass sie sich gegenseitig umarmend um die Schultern fassen und wärmen. Das Spiel wird in umgekehrter Reihenfolge wiederholt, indem es jetzt allmählich wieder wärmer wird.

Im Möbelhaus

Alter: ab 5 Jahren

Ein Kind spielt einen Verkäufer im Möbelhaus und ein anderes Kind einen Kunden, der auf der Suche nach einem ausgefallenen, jedoch bequemen Stuhl ist. Der Verkäufer führt den Kunden im Stuhlkreis herum und zeigt ihm die verschiedenen Modelle, dargestellt von den sitzenden Kindern, die z. B. ganz aufrecht sitzen, die Arme als Lehne halten oder halb liegend wie ein Liegestuhl auf dem Boden sitzen. Der „Kunde" überprüft den Sitzkomfort verschiedener Stühle, indem er sich auf den Schoß der Kinder setzt. Allerdings kann sich der ein oder andere Stuhl bei näherer Betrachtung als „unwilliger Klappstuhl" erweisen, dessen (Stuhl-)Beine hochklappen, bevor sich der Kunde setzen kann!

Während der Kunde es sich auf einem der zur Verfügung stehenden Stühle bequem macht, zählt ihm der „Verkäufer" möglichst viele Vorteile auf, um ihn von der Qualität des Stuhls zu überzeugen. Kann sich der Kunde für einen Stuhl entscheiden, wird der Kunde in der nächsten Runde zum Stuhl, der ausgesuchte „Stuhl" spielt den Verkäufer und der alte Verkäufer den neuen Kunden.

Kissentransport

Alter: ab 4 Jahren
Material: 1 Kissen, Musik

Ein Kind erhält das Kissen. Erklingt die Musik, steht das Kind blitzschnell auf, übergibt einem Kind aus dem Kreis das Kissen und setzt sich auf dessen Platz. Der neue Besitzer reicht das Kissen an ein anderes Kind weiter und nimmt dessen Platz ein. Schaffen es die Kinder, dass vor dem Ende des Musikstücks das Kissen einmal durch alle Hände gegangen ist und jedes Kind auf einem neuen Platz sitzt? Wenn nicht, fangen sie eine neue Runde an, bis sie sich aufeinander eingespielt haben und gemeinsam schneller sind als die Musik.

Variante für ältere Kinder

Die Kinder tragen das Kissen nicht mit den Händen, sondern krabbeln auf allen Vieren und transportieren es dabei auf dem Rücken durch den Kreis.

Hinweis: Die Spielleitung passt die Länge des Musikstücks an die Anzahl der Kinder an. Für die Variante muss ein entsprechend längeres Stück ausgewählt werden.

Schlangenfraß

Alter: ab 5 Jahren
Material: 1 Gymnastik-Chiffontuch, 1 große Tüte weiße Speckmäuse (o. ä. Süßigkeiten)

Sechs Kinder stellen sich als Schlange hintereinander in der Mitte des Stuhlkreises auf und fassen sich an den Hüften. Das letzte Kind in der Schlange steckt das Chiffontuch in seinen Hosenbund. Alle Kinder im Stuhlkreis erhalten eine Speckmaus.
Die Kinder locken den Kopf der Schlange mit ihren Mäusen an, und die hungrige Schlange macht sich auf die Jagd. Sobald sie jedoch in die Nähe der Kinder kommt, greifen diese im Sitzen nach dem Tuch des hinteren Schlangenkindes, um es zu schnappen. Damit das verhindert wird, muss der Kopf der Schlange bei seiner Mäusejagd die anderen Kinder geschickt und sorgsam anführen.
Gelingt es dem Schlangenkopf, eine Maus zu schnappen, wechselt das Kind zum letzten Platz in der Schlange, sodass diese mit einem neuen Kopf auf Jagd geht. Sobald jedoch eines der sitzenden Kinder das Tuch schnappt, wird eine ganz neue Schlange gebildet und von diesem Kind als Kopf angeführt.

Hinweise:

- Die Spielleitung sorgt dafür, dass nach der Neubildung der Schlange wieder alle sitzenden Kinder eine Maus zum Anlocken haben.

- Je nach Geschicklichkeit der Kinder wird der Stuhlkreis enger oder weiter aufgestellt, damit das Spiel spannend bleibt und nicht zu einfach oder zu schwierig ist.

Sitztanz

Ideen entwickeln und in die Gruppe einbringen sowie diese gemeinsam verwirklichen sind Erfahrungen, die das Zugehörigkeits- und Gemeinschaftsgefühl stärken. Dazu entwickeln die Kinder gemeinsam den folgenden Tanz.

Alter: ab 4 Jahren
Material: Musik

Passend zur Musik beginnt ein Kind, eine Bewegung vorzumachen. Die anderen Kinder beobachten es und steigen in die Bewegung ein. Die Kinder können:

- in die Hände klatschen,
- mit den Füßen auf den Boden stampfen,
- mit den Fingern schnipsen,
- mit den Augen blinzeln,
- die Arme abwechselnd in die Luft strecken oder
- hin und her schunkeln usw.

Möchte das Kind seine Führungsrolle abgeben, tippt es einem seiner Nachbarn auf die Schulter. Sind alle Kinder an der Reihe gewesen, ist der Sitztanz beendet.

Variante für ältere Kinder

Im Stehkreis gibt ein Kind Tanzschritte vor, die die anderen Kinder nachmachen. Deutet es auf ein anderes Kind oder ruft dessen Namen, wechselt es mit ihm die Führungsrolle.

Die Körperkontakt-Statue

Alter: ab 5 Jahren
Material: 1 Ball

Ein Kind geht mit dem Ball in die Kreismitte und stellt sich wie eine Statue in ei-

ner beliebigen Position auf. Bevor es endgültig zu „Stein" erstarrt, wirft es einem anderen Kind den Ball zu. Dieses geht in die Mitte und erweitert das Standbild, indem es das erste Kind an einer beliebigen Körperstelle berührt und sich dazu ebenfalls besonders positioniert. Es wirft den Ball einem dritten Kind zu und erstarrt.

Das sechste Kind schließlich wirft den Ball zum Schluss der Spielleitung zu und die restlichen Kinder im Stuhlkreis geben der fertigen Statue einen Namen!

Variante

Die Kinder bilden eine Riesenstatue mit allen Kindern gemeinsam!

Kontakttanz

Alter: ab 5 Jahren
Material: Musik

Im Takt der Musik tanzen die Kinder durch den Kreis. Ruft die Spielleitung: *„Hände reichen"*, fassen sich alle Kinder an den Händen und tanzen zusammen im Kreis herum. Ruft die Spielleitung: *„Abklatschen"*, stellen sich alle Kinder so auf, dass sie sich im Takt der Musik mit den Händen gegenseitig abklatschen können. Weitere Möglichkeiten für den Kontakttanz:

- *„Einhaken"*: Die Kinder haken sich alle mit den Ellenbogen ein und stampfen im Takt auf den Boden.
- *„Polonaise"*: Die Kinder stellen sich hintereinander auf, fassen sich an den Schultern und tanzen durch den Kreis.
- *„Umarmen"*: Alle Kinder stellen sich im Kreis auf, legen einander die Arme um die Hüften und hüpfen im Uhrzeigersinn herum.

Kettenreaktion

Dieses Spiel macht deutlich, dass jeder Einzelne wichtig ist, damit die Gruppe schnell in Bewegung bzw. vorankommt.

Alter: ab 4 Jahren

Die Spielleitung geht außen um den Stuhlkreis herum und tippt plötzlich einem der Kinder auf die Schulter. Dieses erhebt sich blitzschnell von seinem Stuhl und berührt die Schulter seines rechten Nachbarn. Dieser steht ebenfalls so schnell wie möglich auf und gibt den Impuls weiter.
Stehen alle Kinder im Kreis, tippt die Spielleitung wiederum einem der Kinder auf die Schulter. Es setzt sich sofort wieder auf seinen Stuhl und berührt seinen rechten Nachbarn am Oberschenkel, sodass das Spiel in umgekehrter Reihenfolge erneut beginnt.

Nach ein bis zwei Spielrunden kann das Tempo insgesamt gesteigert werden.

Stapelkinder

Alter: ab 5 Jahren

Alle Kinder sitzen im Stuhlkreis. Ein Kind steht auf, geht in die Mitte und ruft den anderen eine Zahl zwischen eins und fünf zu. Die Kinder sammeln sich entsprechend der Zahl zu zweit, zu dritt oder sogar zu viert gleichzeitig auf einem Stuhl, indem sie sich z. B. einander auf den Schoß setzen. Bei der nächsten Zahl verteilen sich die Kinder entsprechend um.
Wird aber die Zahl „eins" gerufen, laufen alle los und tauschen blitzschnell ihre Plätze miteinander, wobei sich auch das Kind aus der Mitte einen Platz sucht. Wer keinen freien Platz finden konnte, geht in die Mitte und ruft die nächste Zahl.

Variante

Sobald eine Zahl gerufen wird, reicht sich die gleiche Anzahl von Kindern, die direkt nebeneinander sitzen, die Hände zu einer Gruppe.

Ball-Förderband

Alter: ab 4 Jahren
Material: 1 Ball, Musik

Alle Kinder legen sich mit dem Rücken auf den Boden, die Füße zur Kreismitte gerichtet und strecken die Arme in die Luft. Eines von ihnen erhält den Ball. Beginnt die Musik, reicht es den Ball schnell an seinen Nachbarn weiter, sodass der Ball wie auf einem Förderband von Hand zu Hand geht. Schaffen es die Kinder gemeinsam, den Ball dreimal im Kreis herum zu befördern, bevor die Musik zu Ende ist?

Hinweis: Die Spielleitung wählt die Länge des Musikstücks entsprechend der Anzahl der Kinder aus oder passt die Anzahl der Runden an, die der Ball durch den Kreis befördert werden soll.

Verrückte Stuhl-Positionen

Andere beobachten, aufeinander eingehen, Ideen aufgreifen oder verändern fördert die Wahrnehmungsfähigkeit und die Gruppenzugehörigkeit.

Alter: ab 4 Jahren

Ein Kind denkt sich eine besondere Position auf seinem Stuhl aus: Es kniet sich z. B. hin, legt sich auf dem Bauch quer über die Sitzfläche oder hockt sich unter den Stuhl. Sein rechter Nachbar probiert die gleiche Position aus. Gefällt sie ihm, verharrt er in ihr und das nächste Kind im Kreis ahmt die Position nach.

Wem die Haltung zu unbequem ist, der probiert eine neue aus, die sein Nachbar nachahmt. Auf diese Weise wird das Spiel immer weitergeführt, bis alle Kinder die Sitzposition ihres linken Nachbarn übernehmen oder verändern konnten.

Verbindungskreise

Alter: ab 5 Jahren
Material: evtl. Musik

Alle Kinder sitzen in einem dicht gestellten Stuhlkreis. Die Spielleitung nennt ein Körperteil, z. B. die Hände, mit denen sich alle Kinder berühren, sodass ein geschlossener Kreis entsteht. Vorschläge für weitere Verbindungskreise: Füße, Arme, Beine, Zeigefinger oder Ellenbogen. Fallen den Kindern andere Körperteile ein, mit denen sie lustige Verbindungskreise schließen können?

Variante

Zum Rhythmus der Musik gehen, hüpfen oder tanzen die Kinder locker im Kreis herum. Die Spielleitung stoppt die Musik und ruft laut ein Körperteil. Die Kinder setzen sich blitzschnell auf die Stühle und schließen den Kreis entsprechend.

Zootiere

Alter: ab 5 Jahren

Ein Kind stellt sich auf seinen Stuhl und ruft den anderen Kindern ein Tier zu. Alle Kinder, die glauben, dass es sich um ein Zootier handelt, heben die Hand. Werden dabei alle Hände erhoben, stellen die Kinder das Tier pantomimisch dar. Anschließend überlegen alle zusammen, ob es sich tatsächlich um ein Zootier handelt. Hat die Gruppe drei Zootiere richtig erkannt und dargestellt, tauscht das stehende Kind mit einem anderen seine Rolle.

Gemeinsam musizieren

Alter: ab 5 Jahren

Alle Kinder überlegen sich ein Musikinstrument, das sie pantomimisch darstellen wollen.
Eines der Kinder beginnt und führt sein Instrument kurz vor. Schließlich zwinkert es einem anderen Kind zu, das mit seinem Instrument einsteigt, bevor es einem weiteren Kind zuzwinkert.
Spielen alle Kinder im Orchester, hebt die Spielleitung die Hand, sodass alle Kinder gleichzeitig zum Ende kommen.

Variante

Ältere oder geübtere Kinder erraten die dargestellten Instrumente, bevor der nächste anfängt zu spielen und achten darauf, dass kein Instrument im Orchester zweimal vorkommt.

Wem gehört der Rücken?

Alter: ab 4 Jahren
Material: 1 Augenbinde

Alle Kinder stellen sich mit dem Rücken zur Kreismitte auf. Ein Kind geht in die Mitte, bekommt von der Spielleitung die Augen verbunden und wird einige Male um sich selbst gedreht.
Langsam geht es rückwärts auf die Kinder im Kreis zu, bis es an den Rücken eines anderen Kindes stößt. Es bleibt stehen und fragt laut: *„Wem gehört der Rücken?"* Das betreffende Kind antwortet mit verstellter Stimme: *„Mir gehört der Rücken!"* Glaubt das Kind, die Stimme zu erkennen, nennt es den Namen des anderen Kindes. Hat es richtig geraten, tauschen die beiden Kinder miteinander ihre Plätze. Wenn nicht, nennt das Kind im Kreis seinen richtigen Namen, das blinde Kind dreht sich um und geht auf einen anderen Rücken zu.

Auf die Stühle, fertig – los!

18 Spiele für das Bewegungsbedürfnis

Kinder sind aktiv, sie bewegen sich lustvoll und mit spürbarer Freude – wenn wir sie nur lassen. Sowohl im Innen- wie auch im Außenbereich brauchen sie ein breites Angebot an spiel- und erlebnisorientierten Aktivitäten.

Dass Spiele im Stuhlkreis nichts mit starrem Herumsitzen zu tun haben, sondern vielmehr für lebendige und aktive Spielideen stehen, zeigt das folgende Kapitel. Die peppigen Bewegungsspiele stellen meist eine willkommene Abwechslung dar und fördern ganz nebenbei das Wohlbefinden und Körpergefühl. Darüber hinaus tragen Spiele, bei denen die Kinder um die Stühle herumlaufen, schnell von Sitzplatz zu Sitzplatz rutschen, in raschen Wechseln auf die Stühle steigen und wieder herunterspringen oder mit Bällen, Reifen, Seilen und Musik rasch in Bewegung kommen, im hohen Maße dazu bei, dass die Kinder voller Tatendrang und Freude am Spielgeschehen beteiligt sind!

Rutschpartie

Alter: ab 4 Jahren
Material: 1 Gymnastikreifen

Alle Kinder sitzen im Stuhlkreis um den Gymnastikreifen herum. Ein Kind geht in die Mitte, stellt den Reifen auf und gibt ihm mit der Hand einen Schwung, sodass er um sich selbst kreiselt. Die Kinder im Sitzkreis beginnen schnell, unaufhörlich einen Platz weiter nach rechts zu rutschen, während das Kind aus der Mitte zu den Stühlen läuft, um einen freien Platz zu ergattern, bevor der Reifen regungslos auf dem Boden liegen bleibt.

Hat es einen Platz gefunden, beginnt sein rechter Nachbar die nächste Runde. Sollte es jedoch keinen Platz bekommen, dreht es den Reifen noch einmal und versucht sein Glück aufs Neue. Hat es keine Lust mehr, dann dreht es den Reifen und schlägt ein Kind aus dem Kreis ab, das schnell aufspringt, um den Reifen noch vor dem Fallen zu schnappen, bevor es ihn selbst zum Kreiseln bringt.

Einhaken und fangen

Alter: ab 4 Jahren
Material: 1 Handtrommel

Bis auf ein Kind sitzen alle Kinder solange im Stuhlkreis, bis die Spielleitung einmal kurz auf ihre Trommel schlägt. Indem nun alle Kinder blitzschnell ihre Plätze wechseln, muss das Kind, das sich in der Kreismitte befindet, eines von ihnen mit einer Hand berühren. Das gefangene Kind hakt sich bei ihm ein.

Sitzen die übrigen Kinder wieder im Stuhlkreis, wird mit einem weiteren Trommelschlag eine neue Spielrunde eröffnet, bei der die beiden Kinder mit ihrer jeweils freien Hand ein weiteres Kind schnappen und unterhaken dürfen, sodass sich die Kette verlängert. Erst wenn alle Kinder gefangen wurden, ist das Spiel beendet.

Die Karussellfahrt

Alter: ab 5 Jahren
Material: persönliche Gegenstände (z. B. Haarspange, Halstuch etc.), 1 Handtrommel, Teddybär

Alle Kinder sitzen im Stuhlkreis und halten einen persönlichen Gegenstand in den Händen. Eines der Kinder stellt seinen Stuhl in die Kreismitte, stellt sich mit der Handtrommel darauf und betrachtet eine Weile die Kinder mit ihren Gegenständen. Hat es sich die Gegenstände und ihre BesitzerInnen gut eingeprägt, beginnt es die Trommel zu schlagen. Alle Kinder stehen schnell auf, legen ihren Gegenstand auf die Sitzfläche und bilden einen Kreis außen um die Stühle herum. Wie ein Karussell laufen sie zum Rhythmus der

Trommel im Kreis um die Stühle herum. Der Trommler steuert dabei mit langsamen oder schnellen Schlägen das Tempo. Glaubt er, dass sich jedes Kind wieder hinter seinem Stuhl befindet, hört er auf zu trommeln und das Karussell hält an.

Stehen alle Kinder wieder bei ihrem Gegenstand, übernimmt ein anderes Kind die Rolle des Trommlers und bringt das Karussell wieder zum Laufen. Stehen die Kinder noch nicht richtig, lässt der Trommler es eine weitere Runde drehen.

Bewegte Wochentage

Alter: ab 5 Jahren

Alle Kinder stellen sich auf ihre Stühle. Ruft die Spielleitung laut einen Werktag in die Runde, springen die Kinder blitzschnell auf den Boden und steigen gleich wieder zurück auf die Stühle.

Ruft die Spielleitung jedoch: „*Sonntag*", bleiben alle Kinder reglos auf ihren Stühlen stehen. Wer trotzdem herunterspringt, muss eine Runde auf einem Bein im Kreis herumhüpfen!

Sonnenuntergang

Alter: ab 4 Jahren

Ein Kind stellt seinen Stuhl aus dem Kreis in die Mitte und klettert darauf. Es stellt mit nach oben gestreckten Armen die Sonne dar, in deren Schein alle anderen Kinder vergnügt im Kreis spazieren gehen.

Langsam aber geht der Tag zu Ende: Das Sonnenkind senkt ganz langsam die Arme, lässt den Kopf auf die Brust sinken und kauert sich schließlich auf dem Stuhl ganz klein zusammen, bis es auf den Boden springt – die Sonne ist untergegangen! Schnell laufen alle Kinder nach Hause zu einem freien Stuhl. Da auch das Sonnenkind einen Platz ergattern will, bleibt zum Schluss ein Kind ohne Stuhl übrig, das die nächste Sonne spielt.

Variante

Die Kinder spielen Kaninchen, die in der Dämmerung umherhoppeln. Ist die Sonne ganz untergegangen, hoppeln alle flink zu ihrem Bau unter einen freien Stuhl.

Hundegebell

Alter: ab 3 Jahren

Ein Kind spielt einen Hund, der in der Stuhlkreismitte umherläuft. Bleibt er vor einem Kind stehen, begrüßt er es mit einem kurzen Bellen und das Kind streicht ihm über den Kopf.

Bellt der Hund jedoch zweimal, springen alle Kinder auf und tauschen ihre Plätze miteinander, wobei der Hund sich ebenfalls auf einen frei werdenden Platz setzt. Wer keinen freien Stuhl findet, spielt in der nächsten Runde den Hund.

Reifenlauf

Alter: ab 5 Jahren
Material: 1 Gymnastikreifen

Die Kinder bilden einen großzügigen Stuhlkreis und ein Kind stellt sich mit dem Gymnastikreifen in die Mitte. Es gibt dem Reifen einen Schwung, sodass er um sich selbst kreist und ruft laut eine Gruppe von Kindern auf, z. B. alle Kinder, die...

- 5 Jahre alt sind,
- eine blaue Hose tragen,
- gerne Spaghetti essen,
- schwarze Haare haben,
- alle Jungen,
- alle Mädchen etc.

Die angesprochenen Kinder springen auf und laufen eine Runde im Innenkreis herum, um möglichst schnell ihren eigenen Platz wieder zu erreichen. Sitzen alle Kinder wieder auf ihren Stühlen, bevor der immer flacher kreisende Reifen ganz auf dem Boden liegen bleibt, ist die Aufgabe erfüllt und das Kind in der Mitte denkt sich ein neues Merkmal aus.

Erreicht aber ein Kind seinen Platz erst, wenn der Reifen schon auf dem Boden liegt, tauscht es mit dem Kind in der Mitte die Rolle.

Hampelmann

Alter: ab 4 Jahren

Ein Kind stellt sich in die Kreismitte und fängt an, sich wie ein Hampelmann zu bewegen. Alle anderen Kinder stehen auf und machen seine Bewegungen nach. Die Spielleitung geht außen um den Kreis herum und tippt plötzlich zwei nebeneinander stehenden „Hampelmännern" gleichzeitig von hinten auf den Rücken. Beide laufen so schnell wie möglich zu dem Kind in der Kreismitte. Wer es als Erster abschlägt, tauscht mit ihm die Rollen.

Alle anderen Kinder setzen sich wieder hin, bis das neue Kind eine andere Bewegung vormacht.

Stopptanzen

Alter: ab 4 Jahren
Material: Musik; evtl. farbige Bänder

In einem sehr großzügig gestellten Stuhlkreis tanzen alle Kinder zum Rhythmus der Musik solange umher, bis diese plötzlich stoppt. Die Spielleitung ruft den Namen eines Kindes, das möglichst viele Kinder abschlägt, die sich nicht schnell genug auf einen der freien Stühle retten können.

Setzt die Musik wieder ein, tanzen alle Kinder erneut gemeinsam im Kreis herum. Beim nächsten Stopp fangen alle Kinder, die zuvor abgeschlagen worden sind, die übrigen Kinder, bevor diese einen Stuhl erreichen können. Erst wenn alle Kinder gefangen sind, ist das Spiel beendet.

Hinweis: Zur besseren Unterscheidung der Fänger bindet sich jeder neue kurz ein farbiges Band um die Hüfte.

Sitzfußball

Alter: ab 5 Jahren
Material: 1 Tennisball oder größerer Softball, 1 Trillerpfeife, Creme

Beim Sitzfußball sind alle Kinder Torwart und SpielerIn zugleich:
Die Spielleitung rollt als SchiedsrichterIn den Tennisball in den Stuhlkreis und

pfeift das Spiel an. Ohne aufzustehen treten die Kinder nach dem Ball, um ihn unter einem der Stühle, die die Tore darstellen, durchzukicken. Dabei müssen sie natürlich auch ihr eigenes Tor verteidigen. Rollt der Ball zwischen den Stuhlbeinen eines Kindes hindurch und hinten aus dem Kreis heraus, hat es ein Tor kassiert und bekommt vom Schiedsrichter einen Creme-Punkt auf die Stirn getupft. Gewonnen hat, wer am Schluss die wenigsten Creme-Punkte hat!

Variante für jüngere Kinder

Die Kinder spielen Sitzfußball mit einem größeren Softball.

Musikrutsche

Alter: ab 5 Jahren
Material: schnelle Musik

Ein Kind stellt sich in die Mitte des Stuhlkreises. Im Takt der Musik rutschen alle anderen Kinder unaufhörlich reihum von Sitzplatz zu Sitzplatz. Stoppt die Spielleitung die Musik, bleiben alle Kinder sitzen. Die Spielleitung ruft laut den Namen eines der Kinder im Stuhlkreis, das blitzschnell aufspringt und aus dem Kreis heraus läuft. Gelingt es dem Kind in der Mitte, das Kind noch im Kreis abzuschlagen, tauschen sie die Rollen. Wenn nicht, geht es in die Mitte zurück und die Musik beginnt erneut.

Fang den Ball!

Alter: ab 5 Jahren
Material: (mind.) 1 Schaumstoffball

Ein Kind stellt sich in die Kreismitte, während die Kinder im Stuhlkreis sich den Ball in schnellen Wechseln zuwerfen. Gelingt es dem Kind in der Mitte, den Ball im Wurf abzufangen, bevor ihn ein anderes Kind auffängt, tauscht es mit dem Spieler, der den Ball geworfen hat, den Platz.

Variante für ältere Kinder

Die Kinder werfen sich statt einem gleich mehrere Bälle zu, von denen das Kind in der Mitte einen fangen muss.

Luftballonfangen

Alter: ab 5 Jahren
Material: 1 Luftballon, 1 Triangel

Ein Kind geht in die Kreismitte und klemmt sich einen aufgeblasenen Luftballon zwischen die Beine.
Lässt die Spielleitung den Triangel ertönen, stehen alle Kinder blitzschnell auf und tauschen miteinander die Plätze. Das Kind in der Mitte läuft ebenfalls so gut es kann los, um eines der umherlaufenden Kinder zu fangen, ohne den Ballon dabei zu verlieren. Kann es eines von ihnen ab-schlagen, tauschen beide die Rollen für die nächste Spielrunde.

Variante für jüngere Kinder

Das Kind in der Mitte versteckt den Luftballon unter seinem Pullover und hält ihn mit beiden Händen fest. Beim Klang des Triangels läuft es los, um ein anderes Kind mit seinem „Ballonbauch" zu berühren und damit abzuschlagen.

Ausflug ans Meer

Heute machen alle gemeinsam einen Ausflug ans Meer! Zunächst scheint noch die Sonne, aber am Horizont türmen sich bereits dunkle Wolken auf, und das Wetter schlägt um. So rasch aber Sturm und Regen heranziehen, so schnell klart es am Meer auch wieder auf...

Alter: ab 4 Jahren
Material: 1 Handtrommel

Zum Rhythmus der Trommel laufen alle Kinder innerhalb des Stuhlkreises umher. Stoppt die Spielleitung die Trommel und ruft z. B.: „Sonne", setzen sich alle Kinder gemütlich auf einen Stuhl in die Sonne. Erklingt die Trommel wieder, laufen die Kinder weiter im Kreis umher.
Weitere „Wetteransagen" und entsprechende Reaktionen können sein:

- *„Regen"*: Die Kinder suchen Schutz und kriechen unter einen Stuhl.
- *„Sturm"*: Sie halten sich an einem Stuhl fest, um nicht weggeblasen zu werden.
- *„Nebel"*: Sie steigen auf einen Stuhl, um bessere Sicht zu haben.
- *„die Flut kommt"*: Alle legen sich mit dem Bauch quer über die Sitzfläche eines Stuhls und machen Schwimmbewegungen.

Nach einigen Durchgängen übernimmt ein Kind die Rolle der Spielleitung.

Von Hasen und Elefanten

Alter: ab 3 Jahren

Die Kinder bilden mehrere kleine Gruppen: Es gibt eine Hasen-Gruppe, eine Elefanten-Gruppe, eine Pony-Gruppe und eine Känguru-Gruppe. Alle Kinder krabbeln unter ihre Stühle, lauschen der Spielleitung und bewegen sich entsprechend der Geschichte:

„Alle Tiere schlafen tief und fest bis zur Morgendämmerung. *** Als erste werden die Hasen wach und hoppeln aus ihrem Bau. *** Hakenschlagend sausen sie umher *** und freuen sich an der frischen Morgen-

luft. *** *Langsam erwachen auch die Ponys. Sie schütteln ihre Mähne *** und begrüßen den neuen Tag mit einem Morgengalopp. *** Die Strahlen der Sonne kitzeln jetzt die langen Rüssel der Elefanten. Langsam erheben sie sich zu ihrer vollen Größe. *** Laut stampfend trampeln sie der Sonne entgegen. *** Als letzte erwachen gähnend die Kängurus. *** Sie stellen sich auf ihre großen Füße *** und hüpfen mit riesigen Sprüngen durch den schönen Morgen.*

Der Tag vergeht, und langsam wird es Abend. Die Tiere sind müde geworden vom vielen Trampeln, Springen, Galoppieren und Hüpfen.

Als erste gehen die Hasen schlafen. Einen letzten Haken schlagend, hoppeln sie in ihren Bau. *** Ganz erschöpft legen sie den Kopf auf die Pfoten und schlafen ein. *** Nun werden auch die Ponys müde. Sie verfallen in Trab, *** und schließlich trotten sie im Schritt zu ihrem Stall. Hier lauschen sie noch dem Trampeln der Elefanten und den Sprüngen der Kängurus, *** bevor sie zufrieden einschlafen. *** Das Trampeln der Elefanten wird schließlich leiser. *** Sie ziehen sich langsam zurück *** und schlafen laut schnarchend ein. *** Die Kängurus hören das Schnarchen der Elefanten und werden plötzlich ebenfalls ganz müde. Mit einem letzten Satz hüpfen sie zu ihrem Ruheplatz, und schon fallen ihnen die Augen zu. *** Der Mond geht auf, und nur noch vereinzelt ist ein Schnarcher der Elefanten zu hören, *** bis es schließlich ganz still ist."

Ochs im Stuhlkreis

Wird das altbekannte Kinderspiel „Ochs am Berg" etwas abgeändert, kann es auch im Stuhlkreis gespielt werden.

Alter: ab 5 Jahren

Die Kinder bilden einen großzügig gestellten Stuhlkreis. Ein Kind stellt sich als „Ochse" in die Mitte, hält sich die Hände vor die Augen und dreht sich langsam um sich selbst. Ruft es laut: *„Ochs im Stuhlkreis, eins, zwei, drei"*, beginnen alle Kinder, schnell mit ihren Stühlen auf das Kind in der Mitte zuzurutschen. Bei *„drei"* jedoch muss die Gruppe sofort wie zu Stein auf ihren Stühlen erstarren, denn der „Ochse" nimmt die Hände von den Augen und blickt rasch in der Runde herum: Er schickt jeden mit seinem Stuhl zum Kreisrand zurück, der sich noch bewegt oder etwa aufgestanden ist! Erneut hält sich der „Ochse" die Augen zu, dreht sich und ruft seinen Spruch.

Welches Kind schafft es als erstes, so dicht mit seinem Stuhl an den „Ochsen" heranzukommen, dass es ihn – sitzend! – berühren kann?

Blitz und Donner

Alter: ab 4 Jahren
Material: 2 Medizinbälle

Für dieses Spiel werden zwei Stühle aus dem Kreis entfernt. Zwei Kinder setzen sich jeweils mit einem Ball auf zwei gegenüberliegende Plätze im Kreis. Alle anderen Kinder gehen außen um den Stuhlkreis herum und beobachten die beiden Kinder. Ruft die Spielleitung: *„Es blitzt!"*, rollen die beiden Kinder im Stuhlkreis die Bälle aufeinander zu. Verfehlen sich die Bälle, bleibt der Donnerschlag nach dem Blitz aus und die anderen Kinder gehen weiter und warten auf den nächsten Blitz. Schlagen die Bälle jedoch in der Mitte gegeneinander, donnert es heftig und alle laufen auf einen freien Stuhl zu, um unter ihm Schutz zu suchen. Die beiden Kinder, die keinen freien Stuhl finden konnten, tauschen mit den Ballkindern die Rollen.

Inselhüpfen ✳

Alter: ab 5 Jahren

In der Mitte eines großzügig gestellten Stuhlkreises steht ein Kind als LeuchtturmwärterIn auf einem Stuhl, der eine Insel darstellt. Die anderen Kinder, die ebenfalls gerne die Insel besuchen möch-

ten, fragen: *„Leuchtturmwärter, wie kommen wir hinüber?"* Der Leuchtturmwärter antwortet z. B.: *„Auf einem Bein hüpfend"*, *„Auf Zehenspitzen schleichend"*, *„Rennend"*, *„Rückwärts gehend"* oder *„Mit geschlossenen Augen gehend"*.

Die Kinder machen sich auf den Weg und hüpfen z. B. zur Insel. Wer als Erster den Leuchtturmwärter berührt, tauscht mit ihm die Rolle.

Mit allen Sinnen

19 Spiele zur Wahrnehmungsförderung

Als Ausgleich zu schnellen Bewegungsangeboten brauchen Kinder ruhigere Spiele, die zu intensivem Hören, Sehen, Schnuppern, Schmecken und Fühlen einladen. Die folgenden Spiele sind hervorragend geeignet, um die Wahrnehmungsfähigkeit zu fördern sowie die Konzentrationsfähigkeit zu steigern. Die Kinder kommen damit zur Ruhe und zur Besinnung.

Allerdings setzt das voraus, dass die Spiele ganz nach der Befindlichkeit und dem Bedürfnis der Kinder eingesetzt werden. Vor allem Kinder, die eher unruhig sind, benötigen zunächst temporeiche Spiele, um sich gründlich auszutoben. Es ist immer wieder zu beobachten, dass sie sich danach viel eher auf ruhigere Spiele einlassen können und dann wie alle anderen Kinder mit viel Spaß bei der Sache sind!

Das Tastsäckchen

Alter: ab 4 Jahren
Material: pro Stuhlkreis 1 Stoffsack mit verschiedenen kleinen Gegenständen (1 pro Kind), z. B. Baustein, Wachsmalstift, Löffel etc.

Je nach Anzahl der Kinder werden mehrere kleine Stuhlkreise mit je sechs bis acht Kindern gebildet.
Jeder Stuhlkreis erhält von der Spielleitung einen Stoffsack, in dem sich für jedes Kind ein kleiner Gegenstand befindet. Reihum greifen die Kinder – ohne zu linsen – mit den Händen in das Säckchen, holen einen Gegenstand heraus, halten ihn für alle sichtbar hoch und benennen ihn, bevor sie ihn wieder in das Säckchen hineinlegen. Dabei soll jeder Gegenstand innerhalb einer Runde nur einmal aus dem Säckchen herausgeholt werden, sodass vor allem die letzten Kinder im Kreis die Gegenstände vorher umso genauer betasten und erfühlen müssen.
Bei der nächsten Runde beginnt das Kind, das zuvor den letzten Gegenstand ertastet hat und reicht das Säckchen in der umgekehrten Richtung zurück. Da die Kinder den Inhalt des Säckchens nun bereits kennen, müssen sie ihren ertasteten Gegenstand diesmal schon benennen, bevor sie ihn herausziehen – haben sie richtig gefühlt?
Hinweis: Je nach Alter der Kinder wird die Größe der Stuhlkreise und die Verschiedenheit der Gegenstände variiert.

Diebische Elstern

Konzentration und genaues Hinschauen im richtigen Augenblick sind hier gefragt!

Alter: ab 5 Jahren
Material: 5 glänzende Gegenstände, z. B. Glitzerperle, Metalllöffel, Ring, Glasstein, ein Stück Alufolie

Die Spielleitung zeigt den Kindern die fünf Gegenstände und platziert sie in der Kreismitte. Fünf Kinder spielen Elstern und flattern in der Mitte des Kreises umher. Alle anderen Kinder stellen sich auf ihre Stühle und beobachten die „Elstern". Ruft die Spielleitung *„Ruckzuck, weggeschnappt!"*, schnappt sich jede Elster einen der Gegenstände und versteckt ihn rasch unter ihrem Pullover. Die Kinder im Stuhlkreis müssen daraufhin sagen, welches Elster-Kind was versteckt hält. Zur Kontrolle holen die Elstern nacheinander ihr Diebesgut wieder hervor.

Klänge horchen

Alter: ab 4 Jahren
Material: ca. 4 verschiedene Musikinstrumente, z. B. Triangel, Handtrommel, Klanghölzer und Rassel

Die Spielleitung führt den Kindern im Stuhlkreis den Klang der verschiedenen Instrumente vor und benennt sie. Gemeinsam wählen sie eines der Instrumente aus, auf dessen Klang hin die Kinder besonders reagieren müssen, z. B. der Triangel.
Die Hälfte der Kinder dreht ihre Stühle herum, sodass sie mit dem Rücken zur Kreismitte sitzen, während die Spielleitung die Instrumente in der Mitte bereitlegt. Die anderen Kinder stellen sich hinter einem ihrer Nachbarn auf und halten ihre Hände hinter dem Rücken verschränkt, sodass alle Kinder mit dem Rücken zur Mitte stehen bzw. sitzen und die Spielleitung nicht sehen können.
Nacheinander lässt die Spielleitung die Instrumente erklingen. Schlägt sie dabei den Triangel an, müssen die sitzenden Kinder blitzschnell reagieren und aufstehen. Die hinter ihnen stehenden Kinder wollen das jedoch verhindern, indem sie ihrem Partnerkind rasch die Hände auf die Schultern legen.
Gelingt ihnen dies nicht schnell genug, sodass ihr Partner ungehindert aufstehen kann, werden die Rollen getauscht. Auch wenn eines der sitzenden Kinder bei einem der anderen Klänge aufsteht, muss es mit seinem Partner den Platz tauschen.

Schoko oder Banane?

Alter: ab 4 Jahren
Material: pro Kinderpaar je 1 Kostprobe von 6 verschiedenen Nahrungsmitteln (z. B. Schokolade, Käse, Apfel, Brot, Paprika und Banane) und 1 Augenbinde

Vorbereitung:
Die Spielleitung bereitet kleine Teller mit den Kostproben vor, ohne dass die Kinder die Nahrungsmittel vorher sehen. Die Hälfte der Kinder erhält einen Teller mit Schokolade, Käse und Apfel und die andere Hälfte einen Teller mit Brot, Paprika und Banane. Die Kostproben müssen alle in der gleichen Reihenfolge auf den Tellern liegen.

Spielablauf:
Jedes Kind schließt sich mit einem seiner SitznachbarInnen zu einem Paar zusammen. Jeweils eines der Kinder bekommt die Augen verbunden. Die Spielleitung teilt an die sehenden Kinder die Hälfte der Teller mit den gleichen Kostproben aus. Sie achtet darauf, dass alle Kinder mit der gleichen Probe beginnen.
Auf ein Zeichen der Spielleitung füttern alle Kinder ihre PartnerInnen mit der ersten Kostprobe – wer ruft als Erstes in die Runde, was er gerade isst? Gibt die Spiel-

leitung wieder ein Zeichen, ist die nächste Probe an der Reihe. Sind die Teller leer gegessen, tauschen die Kinder die Rollen und die Spielleitung verteilt die zweite Hälfte der Teller mit den anderen Nahrungsmitteln.

Hinweis: Bei diesem Spiel ist es besonders wichtig, dass die Kinder wirklich ruhig sind und nicht mehr sprechen, sobald die Teller herumgereicht werden, damit keines der sehenden Kinder aus Versehen eine Kostprobe laut benennt.

IndianerInnen auf dem Schleichpfad

Ruhig auf einem Platz verweilen und mit offenen Ohren jedes kleine Geräusch wahrnehmen, ist für manche Kinder gar nicht so einfach. Genauso schwer kann es Kindern fallen, sich ganz leise fortzubewegen.

Alter: ab 4 Jahren

Ein Kind spielt IndianerIn und zieht dazu Schuhe und Strümpfe aus. Alle anderen Kinder schließen die Augen.

Das Indianerkind begibt sich auf den Schleichpfad und geht so leise es kann im Kreis herum an den Kindern vorbei, die aufmerksam auf seine Schritte lauschen. Nach einer Weile bleibt es genau vor einem der Kinder stehen und klatscht dreimal in die Hände. Wer glaubt, dass sich der „Indianer" vor ihm befindet, hebt die

Hand. Zur Kontrolle öffnen alle Kinder ihre Augen. Hat das richtige Kind seine Hand erhoben, tauscht es mit dem Indianerkind die Rolle. Wenn nicht, macht sich der Indianer erneut auf den Weg.

Nüsse schütteln

Alter: ab 5 Jahren
Material: 1 Nuss, 1 undurchsichtiges Trinkglas pro Kind, 1 Augenbinde

Ein Kind setzt sich in die Kreismitte und bekommt die Augen verbunden. Alle anderen Kinder erhalten je ein undurchsichtiges Trinkglas – in einem von ihnen befindet sich die Nuss. Alle Kinder sind ganz leise und lassen die Nuss durch den Kreis wandern, indem sie diese geräuschvoll von Glas zu Glas gleiten lassen.

Ruft die Spielleitung „Stopp!", verharren alle Kinder ausdruckslos auf ihren Plätzen und schauen zum Kind in der Mitte. Dieses hat hörend den Weg der Nuss verfolgt, schiebt jetzt die Augenbinde hoch und deutet auf das Kind, von dem es glaubt, dass es die Nuss im Glas aufbewahrt. Das ausgewählte Kind dreht sein Glas um: Fällt die Nuss heraus, tauschen die beiden Kinder ihre Rollen, wenn nicht, rät das Kind in der Mitte munter weiter.

Das ist doch Käse!

Alter: ab 4 Jahren
Material: 1 Obststückchen pro Kind,
1 Stückchen Käse

Alle Kinder schließen die Augen und erhalten von der Spielleitung ein Obststückchen zum Kosten. Eines von ihnen jedoch bekommt ein Stück Käse, das es ebenfalls genüsslich verspeist.
Haben alle Kinder ihr Stück gegessen, klatscht die Spielleitung einmal laut in die Hände und alle öffnen die Augen. Alle Kinder, die Obst gegessen haben, laufen einmal um ihren Stuhl herum, stellen sich auf die Sitzfläche und setzen sich wieder hin. Das Kind mit dem Käsestück aber läuft einmal im Innenkreis herum und setzt sich rasch wieder auf seinen Platz. Schafft es dies, bevor das letzte Kind wieder auf seinem Stuhl sitzt, übernimmt es in der nächsten Runde die Rolle der Spielleitung, teilt die Kostproben aus und gibt das Signal.
Hinweis: Je nach Größe des Stuhlkreises passt die Spielleitung den Bewegungsablauf der „Obst-Kinder" an die Zeit an, die das „Käse-Kind" benötigt, um eine Runde im Innenkreis zu laufen.

Schnupper-Fangen

Alter: ab 5 Jahren
Material: Musik, pro Kind 1 Wattebausch, Zitronen-Duftöl

Die Spielleitung träufelt auf einen der Wattebäusche etwas Zitronenöl und verteilt alle an die Kinder. Setzt die Musik ein, tanzen alle Kinder im Stuhlkreis herum. Begegnen sich zwei Kinder, tauschen sie ihre Wattebäusche miteinander aus.
Stoppt die Musik, riechen alle Kinder schnell an ihrem Wattebausch und das Kind mit dem Zitronenduft ruft laut: *„Ich bin der Fänger!"* Alle anderen Kinder laufen blitzschnell los, um sich auf einen freien Stuhl zu setzen. Der Fänger schlägt vorher möglichst viele Kinder ab, die sich außen um den Stuhlkreis herum aufstellen.
Setzt die Musik wieder ein, tanzen alle anderen Kinder erneut durcheinander und tauschen ihre Wattebäusche. Stoppt die Musik zum zweiten Mal, warten die Kinder im Außenkreis den Ruf des neuen Fängers ab, bevor sie zu seiner Unterstützung in die Kreismitte laufen und ebenfalls möglichst viele Kinder abschlagen. Wer bleibt bis zum Schluss übrig und wird als Letzter gefangen?

Spürhunde

Alter: ab 3 Jahren
Material: 3 Augenbinden

Drei Kinder gehen vor die Tür, ziehen ihre Schuhe aus und lassen sich die Augen verbinden. Die Kinder im Stuhlkreis ziehen ebenfalls ihre Schuhe aus und drei von ihnen auch die Strümpfe.

Die Spielleitung führt die drei Kinder mit verbundenen Augen wieder herein. Sie haben als Spürhunde die Aufgabe, unter den Stühlen herumzukrabbeln und durch Tasten herauszufinden, welche Kinder barfuß sind. Hat ein Hund ein Kind ohne Strümpfe ertastet, gibt er ein lautes Gebell von sich. Ist das Kind tatsächlich barfuß, tauscht der Hund mit ihm den Platz und ein anderes Kind im Stuhlkreis zieht seine Strümpfe aus, sobald der neue Hund die Augen verbunden hat und von seinem Stuhl aus die Runde fortsetzt.

Kleine Schätze x

Alter: ab 5 Jahren
Material: für die Hälfte der Kinder verschiedene kleine Naturgegenstände (z. B. Stein, Blatt oder Kastanie), 1 Handtrommel

Die Kinder sitzen im Stuhlkreis und schließen die Augen. Die Spielleitung geht herum und gibt jedem zweiten Kind einen Naturgegenstand in die Hand. Alle Kinder

mit einem Gegenstand dürfen die Augen wieder öffnen und stehen auf. Zum Rhythmus der Trommel gehen sie an den sitzenden Kindern vorbei im Kreis herum. Verstummt die Trommel, bleiben die Kinder vor jeweils einem sitzenden Kind stehen, dem sie ihren Naturgegenstand zum Tasten reichen. Sobald die Kinder den Naturgegenstand benennen, öffnen sie zur Kontrolle die Augen. Haben sie richtig getastet, tauschen sie mit dem anderen Kind den Platz. Wenn nicht, bleiben sie sitzen, schließen erneut die Augen und ertasten in der nächsten Runde einen anderen Gegenstand.

Schmackhafter Obstsalat

Alter: ab 4 Jahren
Material: verschiedene Obststückchen, 1 Teller

Ein Kind sitzt mit seinem Stuhl in der Kreismitte. Die Spielleitung lässt einen Teller im Kreis herumgehen, auf dem für jedes Kind ein Obststückchen liegt. Auch das Kind in der Mitte erhält eines. Halten alle Kinder ihr Stück in den Händen, probieren sie es gleichzeitig und merken sich genau, um welche Obstsorte es sich handelt.

Sobald alle Kinder aufgegessen haben, ruft das Kind in der Mitte laut den Namen seiner Obstsorte. Alle Kinder, die die gleiche Sorte probiert haben, springen blitzschnell auf und tauschen miteinander die Plätze. Dabei versucht aber auch das Kind aus der Kreismitte einen freien Platz zu ergattern. Wer keinen Platz findet, setzt sich in die Mitte und beginnt den nächsten Durchgang, indem er seine eigene Obstsorte in die Runde ruft.

Ein Stall voller Tiere

Alter: ab 5 Jahren

Alle Kinder überlegen sich ein Tier und stellen es reihum der Gruppe akustisch vor, indem sie z. B. miauen, bellen oder grunzen.

Ein Kind steht auf und schließt die Augen. Es spielt einen Stallburschen, der bei Nacht ein entlaufenes Tier wiederfinden muss. In der Dunkelheit kann er es aber nur an seinen Lauten erkennen. Die Spielleitung sagt z. B.: *„Im Stall ist bei Nacht die Kuh entlaufen!"* Während der „Stallbursche" jetzt mit geschlossenen Augen im Kreis herumgeht, ahmen alle Kinder gleichzeitig ihre Tiergeräusche nach.

Glaubt das Kind, dass es sich vor der entlaufenen Kuh befindet, bleibt es stehen und hebt die Hand. Zur Kontrolle öffnet es die Augen: Hat es sich verhört und steht vor einem anderen „Tier", schließt es erneut seine Augen und setzt die Suche fort. Steht es direkt vor einem muhenden Kind, das zur Bestätigung mit dem Kopf nickt, tauscht es mit ihm die Rolle. Der neue Stallbursche macht sich auf die Suche nach einem anderen entlaufenen Tier.

Variante für jüngere Kinder

Ein Kind schließt seine Augen und wird von einem anderen Kind im Kreis herumgeführt. Nacheinander ahmen die Kinder, bei denen sie vorbeikommen, ihr Tier nach. Kann das Kind den Namen des Tieres erraten, darf es weitergehen. Gelingt ihm dies nicht, muss es mit dem betreffenden Kind seine Rolle tauschen.

Hinweis: Das gleiche Tier kann durchaus mehrmals in der Gruppe vertreten sein, aber je vielfältiger die Tiere ausgewählt werden, desto anspruchsvoller wird das Spiel.

Wie viele Hüpfer kannst du zählen?

✳

Alter: ab 5 Jahren

Ein Kind schließt die Augen und stellt sich in die Kreismitte, während alle anderen Kinder sich auf ihre Stühle stellen. Die Spielleitung blinzelt nacheinander bis zu sechs Kindern zu, die einzeln von ihren Stühlen springen. Das Kind in der Mitte lauscht aufmerksam den Sprüngen, um die Anzahl der springenden Kinder herausfinden, bis die Spielleitung schließlich fragt: *„Wie viele Hüpfer kannst du zählen?"*

Nach seiner Antwort öffnet das Kind zur Kontrolle die Augen und alle zählen gemeinsam laut die Kinder, die auf dem Boden vor ihren Stühlen stehen. Hat es richtig gezählt, sucht es sich eins der stehenden Kinder aus und tauscht mit ihm den Platz. Wenn nicht, macht es einen weiteren Versuch.

Hinweis: Je nach Alter der Kinder und der Beherrschung des Zahlenraums blinzelt die Spielleitung mehr oder weniger Kindern zu, die von ihren Stühlen springen. Je mehr Zeit sie zwischen den Sprüngen lässt, desto leichter fällt dem horchenden Kind das Zählen.

Der kreative Duftkreis

Alter: ab 4 Jahren
Material: pro Kind 3 schwarze Filmdosen mit Wattebäuschen, 3 verschiedene Duftöle, z. B. Mandarinen-, Zimt- oder Veilchenduft

Vorbereitung:
Die Spielleitung beträufelt je $1/3$ der Wattebäusche mit demselben Duftöl und steckt je einen Wattebausch in eine Filmdose. Haben die Öle unterschiedliche Farben, dreht sie die Bäusche in den Dosen um, sodass die Farben nicht zu erkennen sind.

Spielablauf:
Jedes Kind erhält drei Filmdosen mit unterschiedlichen Düften. Eines der Kinder beginnt und stellt ein beliebiges Filmdöschen vor sich auf den Boden. Sein rechter Nachbar steht auf, riecht an dem Döschen und wählt aus seinen Düften einen anderen aus, den er ebenfalls vor sich hinstellt. Reihum bilden die Kinder so einen kreativen Duftkreis.
Am Ende stehen alle Kinder auf und schnuppern der Reihe nach an den Dosen. Wer glaubt, zwei gleiche Düfte nebeneinander gefunden zu haben, ruft die anderen Kinder zur Überprüfung herbei – denn zwei Nasen riechen mehr als eine!

Ohren auf!

Alter: ab 4 Jahren

Alle Kinder setzen sich mit dem Rücken zum Stuhlkreis und halten sich die Augen zu. Die Spielleitung tippt einem der Kinder auf die Schulter. Es öffnet die Augen und stellt sich in den Kreis. Hier dreht es z. B. hüpfend, trampelnd oder laufend einige Runden, bevor es sich mit dem Gesicht zum Kreis auf seinen Stuhl setzt.
Die anderen Kinder öffnen ihre Augen und stehen auf, um die Fortbewegungsart nachzumachen. Das sitzende Kind schaut zu und wählt eines von ihnen aus, das die Bewegung richtig „erhört" hat. Das ausgesuchte Kind bewegt sich in der nächsten Runde auf eine andere Weise geräuschvoll durch den Kreis.

Berührungskreis

Alter: ab 3 Jahren

Die Kinder bilden einen engen Sitzkreis und schließen die Augen. Die Spielleitung tippt einem Kind auf den Rücken. Dieses berührt daraufhin einen seiner Nachbarn behutsam an einer beliebigen Stelle und lässt die Hand dort liegen. Dieser fühlt die Berührung und gibt sie weiter, indem er das nächste Kind im Kreis an der gleichen Stelle berührt und festhält.
Fühlt das Ausgangskind, dass die Berüh-

rung zu ihm zurückkommt, sagt es: *„An-gekommen!"*. Alle Kinder öffnen die Augen und schauen nach, ob sich alle Kinder im Kreis an der gleichen Stelle berühren und der Impuls immer richtig weitergegeben wurde.

Variante für ältere Kinder

Die Spielleitung tippt nacheinander zwei Kindern, die sich in etwa gegenüber sitzen, auf den Rücken, sodass zwei Berührungsimpulse gleichzeitig versetzt durch den Kreis wandern. Die Kinder halten die erste Berührung mit der rechten, die zweite mit der linken Hand. Hören die Kinder das zweite Ausgangskind *„Angekommen!"* sagen, öffnen sie die Augen und schauen, welches Bild sich ihnen bietet!

Riese „Riesengroß" und Zwerg „Winzigklein"

Alter: ab 4 Jahren

Ein Kind kniet sich vor die im Stuhlkreis sitzende Spielleitung und legt seinen Kopf in deren Schoß, sodass es die anderen Kinder nicht sehen kann.
Die Spielleitung blinzelt über seinen Rücken hinweg drei Kindern aus dem Stuhlkreis zu, die sich möglichst leise hinter dem Kind aufstellen. Jedes Kind stellt

sich dem knienden Kind kurz mit den Worten „Riese Riesengroß" oder „Zwerg Winzigklein" vor, wobei es mit lauter, tiefer Stimme oder mit hoher Piepsstimme spricht.

Kann das Kind alle drei Kinder an der Stimme erkennen, tauscht es mit einem von ihnen die Rolle. Wenn nicht, blinzelt die Spielleitung weiteren Kindern zu, die sich mit verstellter Stimme als Riese oder Zwerg vorstellen.

Auf dem Markt

Alter: ab 4 Jahren
Material: 1 Korb, verschiedene Obst- und Gemüsesorten, Stück Brot, Stück Käse, Riegel Schokolade usw., insgesamt 1 Stück pro Kind

Zum Riechen und Betrachten gibt die Spielleitung die verschiedenen Lebensmittel einmal im Kreis herum. Zum Schluss sammelt sie alles in dem Korb und stellt ihn in die Kreismitte.

Ein Kind tritt als MarktverkäuferIn in die Mitte. Es blickt in den Korb, sucht sich in Gedanken eines der Nahrungsmittel aus und preist seine Ware an, indem es Geruch, Geschmack und Aussehen beschreibt – allerdings ohne es zu benennen! Wer als Erster errät, was der Verkäufer beschreibt, bekommt es von ihm zu essen und lässt in den folgenden Runden die übrigen Kinder raten.

Das Spiel ist beendet, wenn die Kinder alles aus dem Korb herausgeholt und gegessen haben.

NachbarInnen erspüren

Alter: ab 4 Jahren
Material: 1 Augenbinde

Die Kinder sitzen im Stuhlkreis, der um einen Stuhl erweitert ist. Das Kind, dessen rechter Platz frei ist, bekommt die Augen verbunden.

Die Spielleitung blinzelt einem Kind zu, das sich auf den leeren Stuhl setzt und seinen blinden Nachbarn mit einem kurzen *„Hallo, wie geht's dir?"* begrüßt. Das Kind mit der Augenbinde lauscht dem Klang der Stimme und rät den Namen seines neuen Nachbarn. Hat es richtig gehört, nimmt es seine Augenbinde ab und gibt sie an das Kind weiter, neben dem jetzt der rechte Platz frei ist. Nennt es einen falschen Namen, darf es sehr behutsam den unbekannten Nachbarn an Haaren, Gesicht oder Kleidung abtasten und einen neuen Rateversuch starten.

Mit Fingern und Händen

20 fröhliche Fingerspiele

Die meist mündlich überlieferten Fingerspiele sind in vielen Kindergärten und Grundschulen einfach nicht mehr wegzudenken. Viele Fingerspiele, die im Laufe der Zeit teilweise abgewandelt wurden, verdanken wir Friedrich Fröbel.

Die hier neu erfundenen Fingerspiele eignen sich als Spielform ganz besonders für den Stuhlkreis, denn alle Kinder können die Spielleitung und sich selbst untereinander besonders gut beobachten und so den Ablauf der Spiele leicht nachvollziehen. Die Kinder machen die Bewegungen mit Fingern und Händen schnell mit, sprechen die kleinen Reime schon bald nach und schlüpfen dabei in verschiedene Rollen. Dadurch wird vor allem die Feinmotorik, die Sprechfreudigkeit und das Vorstellungsvermögen gefördert.

Die folgenden kurzen Spielgeschichten können gut im Zusammenhang mit bestimmten Themen durchgeführt werden. Erfahrungen, die Kinder z. B. draußen mit Natur- und Umweltthemen machen, lassen sich damit auch bei Regenwetter auf ansprechende und lebendige Weise für Kinder ergänzen.

Die meisten Fingerspiele dieses Kapitels eignen sich bereits für die Jüngsten und lassen sich schnell und unkompliziert umsetzen.

Das ist der Daumen

Das ist der Daumen,
der mag besonders Pflaumen.
Der Zweite im Bunde
zeigt gern in die Runde.
In der Mitte steht der Höchste,
er ist von allen Fingern der Größte.
Der Vierte mag gerne Ringe
und andere schöne Dinge.
Der Letzte ist zwar klein,
aber niemals ganz allein:
Denn alle fünf Finger gehören zur Hand
und sind miteinander verwandt!

Spielablauf:

Alle Kinder ballen eine Hand zur Faust und strecken ihren Daumen heraus.

Mit dem Zeigefinger deuten sie auf einzelne Kinder im Kreis.

Nacheinander strecken die Kinder auch die anderen drei Finger aus.

Sind alle fünf Finger zu sehen, bewegen die Kinder ihre Hand langsam hin und her.

Fünf winzig kleine Zwerge

Fünf winzig kleine Zwerge,
die wohnten im großen Berge.
Der Erste war der dickste Mann
und führte die vier Zwerglein an.
Sie standen zusammen, was auch geschah,
denn Zwerge sind Freunde, das ist klar!

Spielablauf:

Die Kinder zeigen alle Finger einer Hand.

Sie führen beide Hände zueinander, sodass die Fingerspitzen sich gegenseitig berühren und einen Berg bilden.

Sie bilden eine Faust und strecken kurz den Daumen aus.

Jetzt zeigen sie nur die anderen vier Finger.

Sie drücken alle Finger einer Hand eng aneinander.

Zum Schluss reichen sie sich gegenseitig im Kreis die Hände und zeigen so ihre Freundschaft.

Was tun, wenn der Himmel weint?

Was tun, wenn der Himmel weint
und die Sonne tagelang nicht scheint?
Ich lade mir vier Freunde ein,
denn dann bin ich nicht allein.
Wir gehen in den Regen hinaus
und machen einfach das Beste daraus!

Spielablauf:
Mit beiden Händen greifen die Kinder
unter ihre Sitzfläche und trommeln mit
den Fingerspitzen darauf.
Sie strecken einen Arm in die Luft und
zeigen dabei ihre Handfläche als Sonne.
Mit einer Hand deuten sie die Zahl vier
an.
Der Daumen kommt als Fünfter hinzu.
Sie trommeln erneut unter ihre Sitzfläche.
Mit allen Fingern einer Hand zappeln sie
voller Freude hin und her.

Daumen und Zeigefinger

Daumen und Zeigefinger sind ein Teil der
Hand
und deshalb miteinander verwandt.
Auch Mittel- und Ringfinger sind ein Teil
der Hand
und deshalb miteinander verwandt.
Sag, wer gehört noch zu deiner Hand
und ist deshalb mit den anderen vier
Fingern verwandt?

Spielablauf:
Die Kinder bilden eine Faust und strecken
Daumen und Zeigefinger aus.
Sie strecken zusätzlich Mittel- und Ring-
finger aus.
Sie bewegen die vier Finger hin und her.
Als Antwort auf die Frage strecken sie zum
Schluss ihren kleinen Finger aus.

Auf dem grünen Grase

Auf dem grünen Grase
sitzt ein kleiner Hase.
Ein Vöglein, das sich kratzt am Ohr,
singt am liebsten mit seinen Freunden im
Chor!
Und das kleine Läuschen,
das sucht sich ein Häuschen!

Spielablauf:
Die Kinder deuten mit ihren Händen Hasenohren am Kopf an.
Sie zupfen ihre NachbarInnen behutsam am Ohrläppchen und machen dabei Vogelgezwitscher nach.
Als „Läuschen" tippen sie einander mit dem Zeigefinger sanft auf den Kopf.

Das Schweinchen war noch sehr, sehr klein

Das Schweinchen war noch sehr, sehr klein
und fühlte sich so ganz allein.
Deshalb beschloss es rauszugehen
und sich nach Spielkameraden umzusehen.
Bald traf es viele kleine Leute,
die wurden seine Freunde bis heute!

Spielablauf:
Die Kinder bilden eine Faust und strecken ihren Daumen aus.
Mit dem Daumen wandern sie auf ihrem Oberschenkel umher.
Sie halten beide Hände in die Luft und lassen ihre zehn Finger hin und her zappeln.

Krib, krab, krib, krab, Mäuschen

Krib, krab, krib, krab, Mäuschen,
sucht sich ein kleines Häuschen.
Krabbelt hier und krabbelt dort,
und ist bald für immer fort.
Denn findet es ein gutes Versteck,
dann ist das Mäuschen blitzschnell weg!

Spielablauf:
Auf ihrem Oberschenkel krabbeln die Kinder mit Zeige- und Mittelfinger langsam nach vorn.

Mit beiden Fingern krabbeln sie kreuz und quer herum.
Zum Schluss lassen die Kinder ihre Hand ruckartig hinter ihrem Rücken verschwinden.

Der Erste geht gern in die Natur hinaus

Der Erste geht gern in die Natur hinaus
und der Zweite spielt lieber im Haus.
Der Dritte kann schön malen
und der Vierte schreibt gut Zahlen.
Der Vierte mag lieber Lieder singen
und der Kleinste, der geht gern schwimmen.

Spielablauf:
Die Kinder bilden eine Faust und strecken nacheinander die einzelnen Finger aus. Dabei deuten sie jeweils mit dem Zeigefinger der anderen Hand auf den dazugekommenen Finger.

Mit dem Daumen

Mit dem Daumen fängt man zu Zählen an,
dann kommt der Zeigefinger dran.
Mittelfinger ist nun der Dritte im Bunde,
dann kommt der Ringfinger in die Runde.
Am Ende streckt sich der Kleinste aus.
Sag: Wer findet jetzt die Zahl der Finger heraus?

Spielablauf:
Die Kinder bilden eine Faust und strecken nacheinander die einzelnen Finger aus.
Am Ende zählen sie gemeinsam laut die einzelnen Finger nach.

Eins, zwei und drei

Eins, zwei und drei,
die kochten einen Brei.
Der Duft war für die Nase fein,
drum luden sie viele Freunde ein.
Sie kamen alle und aßen den Brei,
was wiederum sehr freute die Drei!

Spielablauf:
Die Kinder bilden eine Faust und strecken nacheinander Daumen, Zeige- und Mittelfinger aus.
Mit dem Zeigefinger berühren sie die eigene Nasenspitze.
Sie strecken alle zehn Finger aus und zappeln schmatzend hin und her.

Fünf Jahre wird unser Geburtstagskind heute

Fünf Jahre wird unser Geburtstagskind heute,
rufen voller Freude alle Leute.
Ein jeder gratuliert und wünscht schöne Sachen,
die sind manchmal gar zum Lachen.
Und was gibt es dann noch heute?
Natürlich eine Feier für alle Leute!

Spielablauf:
Die Kinder bilden eine Faust und strecken z. B. fünf Finger aus.
Sie schütteln ihren NachbarInnen kurz zur Gratulation die Hände.
Sie lassen alle zehn Finger vergnügt hin und her zappeln.
Nach dem Fingerspiel stehen alle Kinder auf und gratulieren dem Geburtstagskind!

In unser'm Kindergarten ist was los

In unser'm Kindergarten ist was los,
dort sind viele Leute, Klein und Groß.
Zusammen machen sie viele Sachen,
über die sie ganz laut lachen.
Auch springen sie hin und her,
besonders gerne kreuz und quer.
Ist der Kindergarten aus,
gehen alle müde nach Haus'!

Spielablauf:
Die Kinder lassen alle zehn Finger hin und her und hoch und runter zappeln und fangen schließlich an zu lachen.
Sie springen mit ihren Fingerspitzen auf den Oberschenkeln hin und her und kreuz und quer.

Am Ende lassen sie ihre Fingerspitzen ganz gemütlich auf ihren beiden Oberschenkeln herumspazieren.

Häschen Dick und Häschen Klein

Häschen Dick und Häschen Klein,
fühlten sich so ganz allein.
Trafen bald drei andere Hasen,
die lagen auf dem grünen Rasen.
Baten die drei Hasen zu sich her,
siehe da – jetzt sind es mehr!

Spielablauf:
Die Kinder bilden eine Faust und strecken Daumen und kleinen Finger aus.
Sie ziehen beide Finger wieder zurück und strecken dafür die anderen drei Finger aus.
Sie legen die drei Finger auf den Handrücken der anderen Hand.
Mit dem Zeigefinger machen sie eine lockende Bewegung in die Runde.
Zum Schluss strecken sie alle Finger einer Hand aus und halten sie hoch.

Auf und nieder, auf und nieder

Auf und nieder, auf und nieder,
bewegen sich die Hände wieder.
Das Hin und Her, das Hin und Her,
fällt den Händen auch nicht schwer.
Rundherum, rundherum,
finden die Hände gar nicht dumm.
Sehen die Hände plötzlich ein Haus,
dann ist es mit dem Tänzchen aus!

Spielablauf:
Die Kinder bewegen ihre Hände zweimal auf und nieder.
Sie führen die Hände zweimal von einer Seite zur anderen.
Sie lassen die Hände zweimal in der Luft kreisen.
Zum Schluss kreuzen sie die Arme und lassen dabei je eine Hand unter einer Achselhöhle verschwinden.

Mein kleiner Hoppelhase

Mein kleiner Hoppelhase
hat eine niedliche Stupsnase.
Zwei Augen groß und rund,
im Gesicht sitzt auch der Mund.
Seine Ohren sehen riesig aus,
das sieht sogar die kleinste Maus.

Spielablauf:
Alle Kinder berühren mit ihrem rechten Zeigefinger sanft ihre Nasenspitze.

Das Gleiche machen die Kinder mit den Augen und dem Mund.

Am Ende fassen sie sich kurz an ihren Ohrläppchen, um von dort aus die riesengroßen Hasenohren durch das Strecken der beiden Arme anzudeuten.

Wer backt die Brötchen gar so lecker?

Wer backt die Brötchen gar so lecker?
Das ist die Bäckerin oder der Bäcker.
Wer verkauft Eis, wo immer man es kann?
Das ist die Eisfrau oder der Eismann.
Wer hobelt glatt den Tisch wie keiner?
Das ist die Schreinerin oder der Schreiner.
Wer arbeitet zu Hause so viel er kann?
Das ist die Hausfrau oder der Hausmann.
Wer ist zum Arbeiten noch viel zu klein?
Das sind die Kinder, die spielen vergnügt daheim.

Spielablauf:

Die Kinder bilden zwei Fäuste. Mit den Daumen beginnend strecken sie nacheinander die einzelnen Finger aus und zeigen sie nach vorn, wobei sie abwechselnd mit den Fingern der einen Hand die Frauen darstellen und mit den Fingern der anderen Hand die Männer.

Am Ende strecken die Kinder die kleinen Finger gleichzeitig aus und wackeln mit ihnen fröhlich hin und her.

Aus dem großen, schönen Haus

Aus dem großen, schönen Haus
kommt als erster der Daumen heraus.
Jetzt ist der Zeigefinger zu sehen,
dann möchte der Mittelfinger gehen.
Vier und fünf laufen gemeinsam fort,
sie erkunden miteinander so manchen Ort.

Spielablauf:

Ausgehend von einer Faust strecken die Kinder nacheinander Daumen, Zeige- und Mittelfinger aus. Lediglich die letzten beiden Finger strecken sie gemeinsam aus.

Mit den Händen kann man patschen

Mit den Händen kann man patschen
und ganz laut damit auch klatschen.
Du kannst deine Fäuste ballen
und sie auf den Tisch fest knallen.
Hände können behutsam sein
und dich umarmen ganz allein!

Spielablauf:

Mit beiden Händen patschen alle Kinder auf ihre Oberschenkel.
Sie klatschen laut in die Hände.
Sie ballen zwei Fäuste.
Sie schlagen damit auf ihre Oberschenkel.
Sie bewegen ihre Hände langsam nach

oben und führen sie rechts und links hinter den Rücken ihrer NachbarInnen.
Am Ende umarmen sich alle Kinder gemeinschaftlich im Kreis.

Der Daumen beschließt raus zu gehen

Der Daumen beschließt raus zu gehen,
um etwas von der Welt zu sehen.
Unterwegs trifft er den Zeigefinger dann
und schließlich den Mittelfinger irgendwann.
Dann kann er den Ringfinger und den Kleinen sehen,
wie sie gemeinsam spazieren gehen.

Spielablauf:
Ausgehend von einer Faust zeigen die Kinder nacheinander die einzelnen Finger.

Wer ist so stark?

Fünf Leute sind beieinander und fragen:
Wer ist so stark und kann diesen Stuhl tragen?
Der Erste sagt: Das kann ich nicht!
Die Zweite sagt: Zu viel Gewicht!
Der Dritte sagt: Das kann ich nicht heben!
Die Vierte sagt bloß: Nie im Leben!
Nur den Kleinsten hört man sagen:
Wir könnten den Stuhl gemeinsam tragen!

Nun tragen die Fünf den Stuhl hinfort,
ganz leicht zu einem anderen Ort.

Spielablauf:
Die Kinder stehen hinter ihrem Stuhl und drücken die Finger einer Hand möglichst dicht aneinander.
Sie deuten mit dem Zeigefinger der anderen Hand auf ihren Stuhl.
Sie bilden eine Faust und strecken nacheinander die einzelnen Finger aus. Dabei versuchen sie mit jedem Finger, den Stuhl ein wenig anzuheben, schaffen es aber nicht.
Den fünften Finger strecken sie erst einzeln in die Luft, dann kommen die vier anderen dazu.
Sie umfassen mit der ganzen Hand die Stuhllehne, sodass sie ihren Stuhl leicht hochheben können.
Die Kinder gehen mit ihrem Stuhl in der Hand einen großen Schritt im Uhrzeigersinn und stellen ihn dort auf dem neuen Platz ab.

Das kann ich besonders gut!

18 Spiele zur Stärkung des Selbstbewusstseins

Damit Kinder lernen sich selbst wahrzunehmen, sich wertzuschätzen und etwas zuzutrauen, müssen wir ihnen genügend Gelegenheiten geben, um eigenständige Erfahrungen machen zu können. Zudem müssen sie erfahren, dass wir ihre Gefühle ernst nehmen, ihr Können respektieren, sie loben und somit auch ihre Leistungen anerkennen.

Um das Selbstwertgefühl von Kindern zu stärken, bieten sich die folgenden Spielideen an. Sie unterstützen gezielt die Wahrnehmung momentaner Gefühle, möglicher Ängste und Wünsche sowie der eigenen Grenzen und geben Kindern Raum, um besondere Fähigkeiten an sich selbst zu entdecken. Die Spiele tragen damit zu einer selbstbewussten Haltung bei und befähigen Kinder, sich in bestimmten Situationen abzugrenzen und Nein sagen zu können.

Im Stuhlkreis erleben sich die Kinder als Teil einer Gruppe: Hier können Sie sich gegenseitig besonders gut beobachten, nachahmen und ihre unterschiedlichen Fähigkeiten zeigen. Dabei wird ihnen auf eine spielerische Art signalisiert, dass sie keinesfalls perfekt sein müssen, um anerkannt und respektiert zu werden, sondern dass sich ihre verschiedenen Stärken und Schwächen gegenseitig ergänzen.

55

Das kann ich besonders gut!

Alter: ab 4 Jahren
Material: 1 schöner Stein (Speckstein, Handschmeichler o.Ä.)

Jedes Kind überlegt sich etwas, das es besonders gut kann und den anderen Kindern im Kreis vormachen will, z. B. mit den Fingern schnipsen, pfeifen, tanzen oder mit der Zunge schnalzen.

Haben sich alle etwas ausgedacht, gibt die Spielleitung den Stein mit folgendem Spruch im Kreis herum: *„Ein Stein wandert von Hand zu Hand, hältst du ihn, dann bist du dran!"* Wer bei dem letzten Wort den Stein überreicht bekommt, macht den anderen Kindern vor, was er sich überlegt hat. Die Gruppe schaut kurz zu und ahmt dann das Kind nach.

Reicht das Kind den Stein an seinen Nachbarn weiter, sagen alle gemeinsam erneut den Spruch auf, und der Stein gelangt zum nächsten Kind.

Der starke Blickkontakt

Im Gegensatz zu unsicheren Menschen, die bei einem Gespräch ihren Blick eher auf den Boden richten, schauen selbstbewusste Menschen gerne ihrem Gesprächspartner in die Augen. Das folgende Spiel unterstützt Kinder dabei, Blickkontakt zu anderen herzustellen und offen auf diese zuzugehen.

Alter: ab 5 Jahren

Alle Kinder stellen sich paarweise einander gegenüber in der Kreismitte auf und schauen sich dabei fest in die Augen. Wer als Erster den Blick senkt oder sich ablenken lässt und wegschaut, setzt sich auf einen Stuhl. Das andere Kind sucht sich einen neuen Partner in der Kreismitte. Wer von den Kindern bleibt bis zum Schluss stehen?

Damit nicht geschummelt wird, passen die sitzenden Kinder genau auf, wer einen Blickkontakt unterbricht.

Gefühlen auf der Spur

Alter: ab 5 Jahren
Material: 1 Ball

Ein Kind erhält einen Ball, überlegt sich kurz ein Gefühl und stellt dies pantomimisch dar. Die anderen Kinder ahmen seine Bewegungen nach. Wer glaubt, das Gefühl benennen zu können, hebt die Hand. Das Kind wirft einem der betreffenden Kinder den Ball zu, damit es seine Vermutung laut äußert. Stimmt die Antwort, stellt dieses Kind den nächsten Gefühlszustand dar. Wenn nicht, wirft es den Ball einem der anderen Kinder zu, die sich gemeldet haben.

Wer macht uns was vor?

Alter: ab 5 Jahren

Ein Kind geht aus dem Stuhlkreis heraus und wartet mit abgewandtem Rücken. Die Spielleitung blinzelt einem der Kinder im Kreis zu, das nun gestisch und akustisch eine Gefühlsäußerung vorstellt. Sobald die gesamte Gruppe dies imitiert, ruft die Spielleitung das außen stehende Kind in den Kreis zurück. Es stellt sich in die Mitte und beobachtet alle anderen genau. Das Kind, das die Gefühle vorstellt, wechselt in kurzen Abständen den Gefühlsausdruck und alle ahmen es sofort nach. Errät das Kind in der Mitte, wer die Gefühle vormacht?

Stimmungstanz

Alter: ab 5 Jahren
Material: Musik

Zwei Kinder beginnen zur Musik im Innenkreis zu tanzen und überlegen sich jeweils ein Gefühl. Stoppt die Musik, wenden sie sich je einem Kind im Kreis zu und machen ihm das Gefühl pantomimisch vor. Können die Partnerkinder die Gefühle richtig benennen, stehen sie auf und alle vier Kinder bewegen sich zur Musik. Auf diese Art wird das Spiel fortgesetzt, bis alle Kinder im Innenkreis gemeinsam tanzen.

Oben auf oder niedergeschlagen?

Redensarten wie „sich oben auf fühlen" oder „am Boden zerstört sein" drücken unterschiedliche Stimmungen und Raumebenen aus, die Kinder durch das folgende Spiel bewusst wahrnehmen und ausdrücken lernen.

Alter: ab 5 Jahren

Alle Kinder gehen im Kreis durcheinander. Klatscht die Spielleitung einmal laut in die Hände, rufen alle Kinder gemeinsam: *„Wie geht es dir?"* Die Spielleitung antwortet mit einer Redensart, z. B.: *„Ich fühle mich oben auf!"* Alle Kinder laufen daraufhin zu einem Stuhl und stellen sich darauf. Stehen alle oben, springen sie wieder herunter, laufen erneut durch den Raum und warten auf das nächste Klatschen.

Weitere mögliche Antworten der Spielleitung können sein:

- *„Ich fühle mich ganz niedergeschlagen."* Die Kinder setzen sich unter einen Stuhl und lassen den Kopf hängen.
- *„Ich bin am Boden zerstört!"* Sie legen sich unter einem Stuhl flach auf den Bauch.
- *„Ich schwebe im siebten Himmel!"* Sie stellen sich auf einen Stuhl, strecken ihre Arme weit nach oben und schwingen sie als Flügel durch die Luft.

- *„Es geht mir mittelmäßig."* Die Kinder setzen sich auf einen Stuhl.

Haben die Kinder alle Gefühlsebenen einmal oder mehrmals ausprobiert, ruft die Spielleitung in der letzten Runde statt zu klatschen den Kindern zu: *„Wie geht es euch?"* Alle Kinder suchen sich einen freien Stuhl und drücken durch eine der Positionen ihre augenblickliche Stimmung aus.

Hinweis: Aus der letzten Runde kann sich ein kurzes Gespräch über die augenblickliche Stimmung oder grundsätzlich über die Gefühle der Kinder ergeben. Die Spielleitung geht auf evtl. Gesprächsbedarf der Kinder ein.

Nein!

Alter: ab 5 Jahren

Gemeinsam mit der Spielleitung überlegen sich die Kinder eine Frage, die sie alle mit einem eindeutigen „Nein" beantworten würden, z. B.: *„Willst du, dass es morgen regnet?"*

Die Spielleitung wendet sich einem ihrer Sitznachbarn zu, schaut ihm in die Augen und stellt ihm die Frage. Das Kind dreht sich zu seinem anderen Nachbarn, blickt ihm fest in die Augen und sagt laut und deutlich: *„Nein!"*. Dieser gibt das Nein weiter durch den Kreis, indem er sich seinem anderen Nachbarn zuwendet und es mit Nachdruck wiederholt.

Ist die Antwort bei der Spielleitung angekommen, überlegen sich die Kinder eine weitere Frage, zu der sie noch lauter und kräftiger Nein sagen wollen, z. B.: *„Willst du, dass dich andere Kinder ärgern?"* In dieser Runde stehen alle Kinder auf und stehen sich bei ihrer Antwort gegenüber. Wer mag, schüttelt zur Bestätigung heftig den Kopf oder stampft mit dem Fuß auf.

Wollen sich die Kinder in einer dritten Runde nochmals steigern, erweitern sie den Stehkreis, sodass sie etwas mehr Abstand zu ihren NachbarInnen haben, sich aber noch gut in die Augen sehen können. Wer kann am lautesten „Nein" rufen oder sogar schreien?

Die Wunschtier-Runde

Bei diesem Spiel lernen insbesondere auch jüngere Kinder, selbstbewusst ihre Wünsche und Anliegen gegenüber einer Gruppe zu äußern.

Alter: ab 3 Jahren
Material: 1 „Zauberstab"

Ein Kind geht mit seinem Stuhl in die Kreismitte und erhält von der Spielleitung den Zauberstab. Als Zauberer oder Hexe stellt es sich auf seinen Stuhl, schwenkt den Zauberstab und ruft:

> *„Schnickel-schnackel, schnick-schnick-schnack:* Ferkel *seid ihr, aber zack!"*

Die verzauberten Kinder stehen auf und laufen im Innenkreis als Ferkel quiekend und grunzend auf allen Vieren durcheinander. Hebt der Zauberer erneut seinen Zauberstab und ruft: *„Entzaubert!"*, suchen sich alle Kinder einschließlich des Zauberers blitzschnell einen freien Stuhl im Kreis. Wer keinen Platz findet, ist der neue Zauberer oder die neue Hexe und verwandelt die Kinder in ein anderes Tier seiner Wahl.

Wer fühlt das Gleiche?

Alter: ab 5 Jahren
Material: 1 Handtrommel

Alle Kinder überlegen sich vier Gefühle wie Glück, Angst, Traurigkeit und Stolz. In einer ersten Runde stellen die Kinder die Gefühle gemeinsam gestisch und akustisch dar.
Schlägt die Spielleitung auf die Trommel, stellt jedes Kind eines der genannten Gefühle dar und beobachtet dabei seine MitspielerInnen. Beim nächsten Trommel-

schlag ruft die Spielleitung ein Kind auf, das sein Gefühl noch einmal allein vorstellt. Danach nennt es alle Kinder, die das gleiche Gefühl dargestellt haben. Zur Kontrolle wiederholen die aufgerufenen Kinder ihr Gefühl, bis die Gruppe vollständig ist. Das Rate-Kind tauscht seine Rolle mit einem anderen Kind, das die nächste Gefühlsgruppe zusammenstellt.

Keine Angst vor der Dunkelheit

Alter: ab 4 Jahren
Material: 1 Augenbinde

Die Spielleitung verdunkelt den Raum so gut wie möglich und schaltet das Licht ein. Die Kinder rücken im Stuhlkreis eng zueinander. Ein mutiges Kind stellt sich in die Kreismitte und bekommt die Augen verbunden. Es wird einige Male um sich selbst gedreht, damit es die Orientierung verliert.
Die Spielleitung löscht das Licht und das Kind muss im Finstern den Weg zu sei-

nem Stuhl zurückfinden, indem es langsam auf die Kinder im Kreis zugeht und sich an ihnen entlang tastet. Hat es den freien Stuhl gefunden, erhält es einen kräftigen Applaus!

Hinweis: Je nach Alter der Kinder lässt sich das Spiel mehr oder weniger unheimlich gestalten: Jüngere Kinder suchen ihren Platz ohne Augenbinde im Halbdunkel des Raums, während ältere Kinder zusätzlich von den sitzenden Kindern erschreckt werden dürfen! Die Spielleitung geht auf schüchterne Kinder ein, die ihre Angst überwinden wollen, sich aber noch nicht so recht trauen und passt die Bedingungen an ihre Bedürfnisse an.

Starker Wettlauf

Alter: ab 4 Jahren

Die Kinder bilden einen Stuhlkreis, bei dem die Sitzflächen nach außen gerichtet sind, sodass alle Kinder mit dem Rücken zur Mitte sitzen. Ein Kind hat keinen Platz und geht außen um den Kreis herum. Auf ein Signal der Spielleitung fragt die Gruppe gemeinsam: *„Wer darf mit dir um die Wette laufen?"* Das Kind erwidert z. B.: *„Wer am besten auf einem Bein hüpfen kann!"* oder *„Wer am höchsten springen kann!"* oder *„Wer die weitesten Schritte machen kann!"*

Alle Kinder stehen auf und hüpfen, gehen oder springen durcheinander. Das außen

stehende Kind beobachtet sie eine Weile und ruft dann den Namen eines Kindes, das die Aufgabe besonders gut erfüllt. Alle übrigen Kinder suchen sich schnell einen freien Platz. Sitzen alle, ist an einer Stelle im Kreis noch ein Platz frei. Die beiden letzten Kinder laufen jetzt um die Wette: Wer erreicht den Stuhl als Erster? Wer übrig bleibt, wählt in der nächsten Runde seinen Wettlaufpartner aus.

Wer kann Schnürsenkel binden?

Alter: ab 5 Jahren

Zwei Kinder stellen sich in die Kreismitte, alle anderen bilden Gruppen von drei bis vier Kindern. Jede Gruppe überlegt sich eine Tätigkeit, die alle gut beherrschen, z. B. Fußball spielen, Fahrrad fahren oder Rollschuh laufen, Schnürsenkel binden usw. Jede Gruppe stellt den anderen ihre Fähigkeit pantomimisch vor. Sind alle Gruppen an der Reihe gewesen, stehen alle Kinder auf und suchen sich einen neuen Sitzplatz. Die Spielleitung nennt eine der dargestellten Fähigkeiten und die beiden Kinder in der Mitte versuchen, alle Kinder der entsprechenden Gruppe in der Mitte zusammenzurufen. Ist die Gruppe vollzählig, nennt die Spielleitung eine andere Fähigkeit. Ansonsten lassen sich die Beiden von den anderen Kindern beim Zusammenstellen helfen.

Haare kämmen

Spiele, bei denen einzelne Kinder sich verschiedene Tätigkeiten überlegen und diese vor der Gruppe pantomimisch vorstellen, kosten oftmals Überwindung, sind aber in der Regel bereits von den Jüngsten zu bewältigen, sodass alle Kinder in ihrem Können bestätigt werden.

Alter: ab 3 Jahren
Material: 1 Ball

Jedes Kind überlegt sich zwei oder drei Tätigkeiten wie Schnürsenkel binden, Haare kämmen oder ein Bilderbuch ansehen. Als Anregung fragt die Spielleitung, was sie am Morgen zu Hause gemacht haben oder am Abend noch tun werden.
Haben sich alle Kinder etwas ausgedacht, wirft die Spielleitung einem Kind den Ball zu. Es stellt pantomimisch eine Tätigkeit vor. Alle anderen Kinder ahmen es nach und raten, um welche Tätigkeit es sich handelt. Haben sie es erraten, wirft das Kind einem anderen den Ball zu, der eine neue Tätigkeit vormacht. Dadurch, dass sich keine Tätigkeit wiederholen darf, wird die Aufgabe für die letzten Kinder in der Runde immer schwieriger. Wem gar nichts mehr einfällt, lässt sich von einem seiner Nachbarn oder einem anderen Kind im Kreis helfen und eine Idee ins Ohr flüstern.

Die Wunsch-Murmel

Es ist schön, sich etwas wünschen zu dürfen und damit im Mittelpunkt zu stehen, einen Wunsch erfüllt zu bekommen und das Gefühl genießen zu können – auch wenn sich nicht immer jeder Wunsch erfüllen lässt.

Alter: ab 3 Jahren
Material: 1 schöne Murmel

Jedes Kind überlegt sich einen kleinen Wunsch, den ihm die anderen Kinder oder die Spielleitung erfüllen können, z. B. ein Fingerspiel spielen, ein Stück Obst naschen, eine kurze Geschichte erzählen, ein Lied singen oder ein Kind mit seinem Stuhl zu sich her wünschen.
Die Spielleitung versteckt in einer ihrer Fäuste die Wunsch-Murmel. Sie stellt sich vor eines der Kinder und hält ihm beide Hände zu Fäusten geballt hin. Das Kind deutet auf die Faust, von der es glaubt, dass sich darin die Murmel befindet. Kommt die Wunsch-Murmel zum Vorschein, darf es sich etwas wünschen. Hat das Kind jedoch die leere Faust erwischt, wendet sich die Spielleitung kurz ab um die Murmel neu zu verstecken und geht zum nächsten Kind.

Ja oder Nein?

Alter: ab 5 Jahren
Material: mehrere kleine Spielzeuge,
1 Korb, 1 Euro pro Kind

Ein Kind geht als VerkäuferIn mit dem Korb voller kleiner Spielsachen in die Kreismitte und alle anderen Kinder erhalten einen Euro.

Der Verkäufer nimmt eins der Spielzeuge aus dem Korb, geht damit zu einem der Kinder und fragt, ob es das Spielzeug kaufen möchte. Das Kind sagt laut und deutlich: *„Nein!"*. Der Verkäufer lässt sich jedoch nicht entmutigen. Er zählt die Vorteile des Spielzeugs auf und wiederholt schließlich seine Frage. Lässt sich der aufdringliche Verkäufer auch von einem erneuten „Nein" nicht abwimmeln, steht der Kunde auf und stellt sich hinter seinen Stuhl, um sich eindeutig abzugrenzen. Nun muss der Verkäufer seine Ware einem anderen Kind anbieten.

Sollte er dabei das Spielzeug verkaufen, erhält er den Euro und die beiden Kinder tauschen ihre Rollen, sodass das Spiel mit dem neuen Verkäufer von vorn beginnt.

Grenzen erspüren

Um eine Grenze bewusst wahrzunehmen und körperlich zu spüren, bietet sich das folgende Spiel an.

Alter: ab 5 Jahren
Material: 1 Augenbinde

Ein Kind stellt sich mit verbundenen Augen in die Kreismitte. Alle anderen Kinder stehen vor ihren Stühlen und reichen sich die Hände zum Kreis. Zwei Kinder fassen sich jedoch nicht an den Händen und lassen eine Lücke.

Das Kind aus der Mitte macht sich auf den Weg bis zur Kreisgrenze. Ist es bei den Kindern angelangt, tastet es sich an ihnen entlang auf der Suche nach der Lücke. Hat es die Stelle gefunden, an der sich zwei Hände nicht berühren, geht es aus dem Kreis heraus und nimmt seine Augenbinde ab. Es wirft die Augenbinde in hohem Bogen in die Mitte des Kreises – wer sie fängt oder als Erstes aufhebt, tastet sich in der nächsten Runde an der Grenze entlang.

Verbindungsnetz

Alter: ab 5 Jahren
Material: 1 Wollknäuel

Alle Kinder überlegen sich Dinge, die sie gut können und die sie weniger gut beherrschen.

Eines der Kinder erhält das Wollknäuel und sagt z. B.: *„Ich kann besser Fahrrad fahren als Rollschuh laufen!"* Alle Kinder, die gut Rollschuh laufen können, melden sich. Einem von ihnen wirft das erste Kind das Wollknäuel zu, wobei es das Ende der Schnur festhält, sodass sich der Faden zwischen ihnen spannt.

Das Kind mit dem Wollknäuel in der Hand knüpft an das Spiel an und sagt: *„Ich kann besser Rollschuh laufen als Schuhe binden!"* Es schaut sich um, wer besonders gut seine Schuhe binden kann und wirft einem von ihnen das Knäuel zu. So entsteht allmählich ein Verbindungsnetz, das immer vielfältigere Ergänzungen zwischen den Kindern zeigt.

Sind alle Kinder miteingebunden, ist das Spiel zu Ende. Vielleicht mögen sie zum Schluss das Knäuel wieder rückwärts aufwickeln und dabei die Verbindungen noch einmal nennen.

Wer spielt mit mir?

Vor allem jüngeren und unsicheren Kindern kann es Schwierigkeiten bereiten, auf andere Kinder zuzugehen und dabei ihre Wünsche und Anliegen zu formulieren. Das folgende Spiel bietet einen Übergang vom Stuhlkreis zu einer anschließenden freien Spielphase.

Alter: ab 3 Jahren

Zum Abschluss eines Stuhlkreis tritt ein Kind in die Mitte und fragt z. B.: *„Wer von euch hat Lust, mit mir in der Bauecke zu spielen?"* Alle Kinder, die gerne mit ihm dort spielen wollen, stehen auf, gehen zu ihm und verschwinden gemeinsam in der Bauecke. Ein zweites Kind kommt an die Reihe und sucht sich ebenfalls SpielkameradInnen. Haben alle Kinder einen Spielort und andere Kinder zum Spielen gefunden, ist der Stuhlkreis aufgelöst.

Taktvoll stampfen, klatschen, schnippen

20 Spiele zur Förderung des Rhythmusgefühls

Allein oder mit anderen Kindern zu der Melodie eines Musikstücks singen, summen, pfeifen, klatschen, stampfen oder tanzen macht in der Regel allen Kindern unglaublich viel Spaß. Besonders begeistert und interessiert sind Kinder, wenn sie dabei den eigenen Körper als Instrument entdecken, mit ihm experimentieren und dabei in Rollen schlüpfen können. Indem sich die Kinder z. B. zum Trommelspiel der Spielleitung im Takt wie ein schwerfälliger, brummender Bär, wie eine vorbeifliegende, summende Biene oder wie ein hüpfender, quakender Frosch im Kreis bewegen, wird auf spielerische Weise ihr Vorstellungsvermögen, die akustische Aufmerksamkeit und das Rhythmusgefühl geschult.

Mit verschiedenen Rhythmen können Kinder jedoch auch durch sprachfördernde Spiele vertraut gemacht werden: Sie klatschen ein Wort gemeinsam in einzelnen Silben auf die Oberschenkel oder stampfen im Takt der Silben im Kreis herum. So wird bei den folgenden Spielen das Rhythmusgefühl der Kinder auf einfache und natürliche Weise (wieder) aktiviert.

65

Rhythmus-Gruppen

Alter: ab 4 Jahren

Alle Kinder gehen zum Klatschen der Spielleitung im Takt im Kreis herum. Schließlich verstummt das Klatschen und die Spielleitung hält z. B. drei Finger in die Höhe. Die Kinder setzen sich schnell nebeneinander in den Stuhlkreis und bilden Dreiergruppen, indem sie sich an den Händen fassen.
Klatscht die Spielleitung einen neuen Rhythmus, stehen die Kinder auf und gehen erneut im Kreis herum.

Variante für ältere Kinder

Die Kinder sitzen im Stuhlkreis und bilden mit einem ihrer NachbarInnen jeweils ein Paar. Die Spielleitung klatscht einen Rhythmus vor und alle Kinder klatschen mit. Ruft die Spielleitung ihnen eine Zahl zu, klatschen sie ihr Partnerkind genauso oft ab und fallen wieder in den gleichen Rhythmus.

Trommelsilben

Alter: ab 5 Jahren

In einem großzügig gestellten Stuhlkreis stellen alle Kinder ihre Stühle mit der Lehne zur Kreismitte auf.

Die Spielleitung kniet in der Mitte vor ihrem Stuhl und trommelt einen Rhythmus mit der flachen Hand auf die Sitzfläche. Die Kinder stehen auf und bewegen sich im Takt um ihren eigenen Stuhl herum, bis das Trommeln verstummt.

Die Spielleitung ruft laut den Namen eines Kindes und trommelt zu jeder Silbe des Namens einmal auf den Stuhl. Das aufgerufene Kind kniet sich vor seinen Stuhl und trommelt seinen Namen ebenfalls mehrmals hintereinander in Silben auf den Stuhl.

Die Spielleitung fängt wieder an zu trommeln und die Kinder gehen erneut im Takt um ihre Stühle.

Rhythmisierte Füße

Alter: ab 5 Jahren

Ein Kind stampft einen einfachen Rhythmus mit seinem rechten Fuß auf den Boden. Sein rechter Nachbar wiederholt den Rhythmus mit seinem linken Fuß. Hat er den gleichen Rhythmus gestampft, macht er mit seinem rechten Fuß seinem anderen Nachbarn einen neuen Rhythmus vor. Wird ein Rhythmus nicht richtig wiederholt, wird er noch einmal vorgemacht.

Variante

Ein Kind klatscht mit seiner rechten Hand einen Rhythmus auf seinen rechten Oberschenkel, den die Gruppe mit der linken Hand auf dem linken Oberschenkel nachklatscht. Der rechte Nachbar des ersten Kindes klatscht den nächsten Rhythmus, der von der Gruppe wiederholt wird usw.

Das Rhythmus-Bewegungsspiel

Alter: ab 4 Jahren
Material: 1 Handtrommel

Ein Kind steht mit der Handtrommel in der Kreismitte und trommelt einen beliebigen Rhythmus. Es ruft den Kindern im Stuhlkreis eine Bewegungsart oder ein Körpergeräusch zu, z. B. stampfen, mit der Zunge schnalzen, auf die Oberschenkel patschen, sich wiegen, sich räkeln etc. Die Kinder bewegen sich im Takt gemeinsam im Kreis oder machen rhythmische Geräusche.

Gibt der Trommler sein Instrument einem anderen Kind, überlegt sich dieses eine neue Bewegung oder ein anderes Geräusch.

Wo klopft der Specht?

Alter: ab 4 Jahren
Material: 1 Augenbinde

Ein Kind stellt sich mit verbundenen Augen in die Kreismitte. Die Spielleitung klatscht einen einfachen Rhythmus vor, den die Kinder im Kreis mitklatschen. Die Kinder achten darauf, dass alle den Rhythmus genau einhalten und weder schneller noch langsamer werden.

Haben alle den Rhythmus aufgenommen, blinzelt die Spielleitung einem der Kinder zu, das als Specht beginnt, den Rhythmus laut auf die Sitzfläche seines Stuhls zu klopfen. Die anderen Kinder klatschen leise mit.

Hört das Kind in der Mitte die Klopfgeräusche, geht es langsam in die Richtung, in der es den „Specht" vermutet. Glaubt es, dass es genau vor dem Specht steht, ruft es: *„Hier klopft der Specht!"* Steht es vor einem der klatschenden Kinder, ruft die Gruppe laut: *„Nein!"*, sodass es hörend weitersuchen muss. Hat es den Specht gefunden, tauscht es mit ihm den Platz und die Spielleitung gibt einen neuen Rhythmus vor.

Klang-Körper

Ein bekanntes Kinderlied singen und dazu im Takt klatschen, stampfen oder mit den Fingern schnippen fördert das musikalische Empfinden und übt das Takthalten. Einen besonderen Reiz hat dabei das Entdecken des eigenen Körpers als Resonanzraum und klingendes Instrument.

Alter: ab 4 Jahren

Die Spielleitung singt gemeinsam mit den Kindern im Kreis ein Lied, das alle gut kennen.

Sie wiederholt das Lied mit der Hälfte der Kinder, während die andere Hälfte das Lied mit Körpergeräuschen begleitet: Sie schnalzen z. B. mit der Zunge, stampfen mit den Füßen auf den Boden, klopfen mit den flachen Händen auf ihre Brust, reiben die Hände gegeneinander oder lassen sich im Rhythmus mit dem Po auf die Sitzfläche fallen.

Ist das Lied beendet, wechseln die Gruppen die Rollen.

Varianten für ältere Kinder

● Alle Kinder singen gemeinsam das Lied. Die Spielleitung blinzelt einem Kind zu, das beginnt, das Lied mit einem Körpergeräusch zu begleiten. Nach einer kurzen Weile blinzelt das Kind einem anderen zu, das die Begleitung mitmacht und wiederum durch Blinzeln weitergibt, bis zum

Schluss alle Kinder singen und das Lied begleiten.

- Die Spielleitung blinzelt zu Beginn drei Kindern zu, die alle das Lied auf ihre Art begleiten, dabei aber nicht mitsingen. Möchte eines der Kinder lieber wieder singen statt zu begleiten, kann es durch Zublinzeln seine Begleitung an eines der singenden Kinder abgeben, sodass immer nur drei Kinder gleichzeitig als MusikerInnen auftreten.

Bärenschritte

Alter: ab 4 Jahren

Ein Kind stellt sich in die Kreismitte und spielt z. B. einen schwerfälligen Bären. Dazu tapst es gleichmäßig, sich langsam wiegend, im Kreis herum. Die anderen Kinder beobachten die Bärenschritte genau und klatschen zu jedem Schritt in die Hände.
Bleibt der „Bär" vor einem der Kinder stehen, wechselt er mit ihm die Plätze. Das neue Kind in der Mitte überlegt sich ein anderes Tier, dessen Schritte die Kinder klatschend begleiten: Es hüpft z. B. wie ein Grashüpfer, springt wie ein Känguru, hoppelt wie ein Hase, stolziert wie ein Pfau, watschelt wie eine Ente oder schleicht wie

eine Katze. Je nach Charakter des Tieres variiert dabei automatisch die Schrittgeschwindigkeit.

Rhythmen wiedererkennen

Alter: ab 5 Jahren

Die Spielleitung klatscht einen einfachen Rhythmus vor, den die Kinder solange nachklatschen, bis alle ihn beherrschen.
Die Spielleitung klatscht den Kindern nun unterschiedliche Rhythmen hintereinander vor. Klatscht sie den eingeübten Rhythmus erneut, klatschen die Kinder mit – erkennen alle den Rhythmus wieder?

Taktvolle Bewegungen

Alter: ab 3 Jahren
Material: 1 Handtrommel

Die Spielleitung steht mit der Handtrommel in der Kreismitte und erzählt: *„Im Frühling kannst du besonders viele Tiere auf der Wiese entdecken. Da gibt es Hasen, die hopsen, hopsen, hopsen…".* Bei den Worten *„hop-sen, hop-sen…"* schlägt die Spielleitung gleichmäßig zu jeder Silbe auf die Trommel. Die Kinder hopsen dazu im Takt wie Hasen im Kreis herum.

Nach einer Weile wird die Geschichte fortgesetzt, indem die Spielleitung nacheinander weitere Tiere vorstellt, die auf der Wiese zu finden sind, z. B. Grashüpfer (*„hüp-fen"*), Katzen (*„schlei-chen"*), Ameisen (*„lau-fen"*), Käfer (*„krab-beln"*) und Schmetterlinge (*„flie-gen"*).

Rhythmus-Memory

Alter: ab 5 Jahren

Zwei Kinder gehen vor die Tür und warten dort, während die anderen Kinder sich mit einem ihrer StuhlkreisnachbarInnen zu Paaren zusammen finden. Jedes Paar überlegt sich einen einfachen Rhythmus, den die Kinder miteinander einüben. Sie stampfen den Rhythmus z. B. mit den Füßen, schnalzen ihn mit der Zunge oder klatschen ihn einfach mit den Händen.

Können alle Paare ihren Rhythmus selbstständig halten, tauschen die Kinder ihre Plätze, sodass keins der Paare mehr nebeneinander sitzt.

Die Spielleitung bittet die beiden Kinder wieder herein, die sich in der Mitte aufstellen. Sie treten als MemoryspielerInnen gegeneinander an und müssen „Rhythmus-Pärchen" finden. Der jüngere Spieler bittet nacheinander zwei Kinder aus dem Stuhlkreis, ihre Rhythmen vorzumachen. Klatschen, schnalzen oder stampfen sie den gleichen Rhythmus, hat er ein „Pärchen" gefunden. Die beiden Kinder setzen sich auf den Boden vor ihre Stühle und der gleiche Spieler darf weiterspielen. Sind die Rhythmen unterschiedlich, ist sein Gegenspieler an der Reihe. Hat dieser ein Pärchen gefunden, stellen sich die beiden Kinder hinter ihren Stühlen auf.

Sind alle Pärchen gefunden, zählt der jüngere Memoryspieler alle Kinder, die auf dem Boden sitzen, und der ältere die Kinder, die hinter ihren Stühlen stehen – wer hat die meisten „Pärchen" gefunden?

Varianten

- **Jüngere Kinder** spielen in einem kleinen Stuhlkreis und jedes Rhythmuspärchen hat sein eigenes Körperinstrument, damit die SpielerInnen die Rhythmen leichter unterscheiden können.

- Bei **älteren Kindern** werden die Rhythmen alle geklatscht, sodass die zusätzliche Unterscheidung durch die unter-

schiedlichen Körperinstrumente weg-
fällt und sich die Kinder ausschließ-
lich auf die Rhythmen konzentrieren
müssen. Je nach Alter der Kinder unterstützt sie die Spielleitung bei der
Auswahl der Rhythmen und achtet
darauf, dass sich alle gut unterscheiden
lassen.

Das Körper-Orchester

Alter: ab 4 Jahren

Die Spielleitung klatscht einen einfachen
Rhythmus vor und ruft ein Kind auf, das
den Rhythmus nachmacht. Dazu sucht es

sich allerdings ein anderes Körperinstrument aus und klatscht den Rhythmus
z. B. auf die Oberschenkel. Nach einer
kurzen Weile ruft es ein weiteres Kind auf,
das sich ein neues Körperinstrument
überlegt und den Rhythmus z.B. mit der
Zunge schnalzt, mit den Zehenspitzen auf
den Boden tippt, mit den Fingern
schnippt oder mit den Füßen auf den Boden stampft.

Dadurch, dass immer mehr Kinder hinzu-
kommen, die den Rhythmus individuell
umsetzen, entsteht bald ein ganzes
Körper-Orchester!

Winterschlaf

Alter: ab 5 Jahren

Ein Kind kauert sich als Igel in der Kreismitte auf einem Stuhl zusammen und
schließt die Augen zum Winterschlaf.
Die Spielleitung klatscht leise einen einfachen Rhythmus, den alle Kinder ebenso
leise mitklatschen. Klatschen alle im gleichen Rhythmus, steht die Spielleitung auf
und geht langsam, Schritt für Schritt auf
den Igel zu, wobei sie immer lauter
klatscht. Die Kinder ahmen sie nach, und
so gehen sie gemeinsam als näher rücken-
der Frühling auf den Igel zu.
Durch das lauter werdende Klatschten ge-

weckt, öffnet dieser langsam die Augen.
Er beginnt sich zu räkeln und zu strecken.
Je lauter das Klatschen wird und je näher
der „Frühling" kommt, desto lebendiger
wird er. Stehen alle schließlich dicht um
ihn herum und klatschen laut, wird dem
Igel ganz warm. Er stellt sich auf seinen
Stuhl und reckt sich der Sonne entgegen:
Es ist „Sommer"!
Nach einer Weile geht die Spielleitung gemeinsam mit den Kindern langsam wieder rückwärts und klatscht immer leiser –
es wird „Herbst". Dem Igel wird wieder
kälter und er rollt sich langsam zu einer
Kugel zusammen. Sitzen alle Kinder wieder auf ihren Plätzen, verebbt das letzte
leise Klatschen und der Igel fällt wieder in
Winterschlaf.

Silben-Tanz

Alter: ab 5 Jahren
Material: Musik

Zum Rhythmus der Musik tanzen alle Kinder im Kreis herum. Stoppt die Musik, bleiben alle Kinder stehen. Die Spielleitung ruft ihnen ein mehrsilbiges Wort zu, z. B. *„Ap-fel-si-ne", „Schu-he", „Bir-nen-ku-chen", „Bon-bon", „Ro-si-ne"* etc. Die Kinder wiederholen das Wort gemeinsam und klatschen dabei zu jeder Silbe in die Hände. Entsprechend der Silbenanzahl finden sich die Kinder zu zweit, zu dritt oder zu viert zusammen und setzen sich vor einem beliebigen Stuhl hintereinander auf den Boden. Erklingt die Musik erneut, stehen alle Kinder wieder auf, um solange im Kreis herumzutanzen, bis die Musik wieder anhält und die Spielleitung ein neues Wort nennt.

Mit Füßen, Hand und Zunge

Mit den Füßen stampfen, in die Hände klatschen und dabei gleichzeitig mit der Zunge schnalzen erfordert viel Konzentration, Aufmerksamkeit und Geschicklichkeit.

Alter: ab 5 Jahren
Material: Musik

Alle Kinder klatschen gemeinsam mit der Spielleitung im Takt zur Musik. Haben alle Kinder den Rhythmus heraus, begleitet die Spielleitung das Lied mit einem zweiten Körperinstrument, das die Kinder ebenfalls übernehmen. Gelingt das Zusammenspiel gut, kommt ein drittes Körperinstrument dazu. Wer schafft es, gleichzeitig mit einer Hand auf einen Oberschenkel zu klatschen, mit den Fingern der anderen Hand zu schnippen und dabei mit der Zunge zu schnalzen, oder parallel mit einem Bein auf den Boden zu stampfen, mit den Zehenspitzen des anderen Beins auf den Boden zu tippen und sich mit einer Hand auf die Brust zu klopfen?

Variante

Die Kinder setzen reihum weitere Körperinstrumente zur Begleitung ein, die alle Kinder übernehmen. Es werden jedoch max. drei „Instrumente" gleichzeitig gespielt: Das nächste vorgeschlagene Körperinstrument wird wieder allein eingesetzt.

Die drei MusikantInnen

Alter: ab 4 Jahren
Material: 3 Orff-Instrumente wie
Schellenkranz, Holzblocktrommel und
Handtrommel

Drei Kinder erhalten jeweils ein Musikinstrument. Alle Kinder singen gemeinsam
ein bekanntes Lied mit drei Strophen, das
die drei MusikantInnen auf ihren Instru-
menten begleiten. Zu Beginn jeder Strophe ruft einer der Musikanten den Kindern im Kreis eine Bewegungsart zu: Sie
müssen z. B. im Kreis herumspringen,
stampfen, um die Stühle herumtanzen
oder auf den Stühlen hin und her wippen.
Zum Schluss übergeben die MusikantInnen ihre Instrumente an drei andere Kinder, die ein neues Lied begleiten und dazu
Bewegungen vorgeben.

Tick-tack

Alter: ab 4 Jahren

Alle Kinder sitzen im Stuhlkreis und verwandeln sich in große Standuhren mit
langen Pendeln. Dazu wiegen sie ihre
Oberkörper von rechts nach links. Die
Spielleitung gibt den Takt vor, indem sie
langsam *„Tick-tack, tick-tack"* sagt. Spricht
sie die Worte etwas schneller aus, werden
aus den „Standuhren" „Wanduhren", und
die Kinder beschleunigen ihr Bewe-
gungstempo.

Schließlich steigert die Spielleitung das Tempo zu einem schnellen „*Tick-tack*", und aus den „Wanduhren" werden „Armbanduhren", sodass die Kinder sich jetzt hastig von rechts nach links neigen müssen.

Nach einer Einführungsrunde in die Besonderheiten der Uhren richten sich die Kinder mit ihren Pendelbewegungen allein nach dem Tempo der Worte. Nach einigen Durchgängen übernimmt ein Kind die Rolle der Spielleitung.

Ich wünsche mir den Maximilian her!

Alter: ab 5 Jahren

Die Kinder bilden einen Stuhlkreis und stellen einen weiteren Stuhl hinzu. Das Kind, dessen rechter Platz frei ist, sagt z. B.: „*Mein rechter, rechter Platz ist frei, ich wünsche mir den Maximilian herbei!*" Alle Kinder klatschen daraufhin den Vornamen des ausgewählten Kindes gemeinsam mehrere Male hintereinander in Silben, bis das Kind sich im Takt gehend zu dem freien Stuhl bewegt hat. Das Kind, dessen rechter Platz nun frei ist, wünscht sich ein anderes Kind herbei.

Schnell oder langsam?

Alter: ab 4 Jahren

Die Spielleitung klatscht ganz langsam einen einfachen Rhythmus vor und die Kinder klatschen mit. Können alle den Takt halten, steigert die Spielleitung das Tempo etwas, und alle gehen mit. Haben sich alle dem neuen Tempo angepasst, klatscht die Spielleitung noch schneller in die Hände. Können die Kinder auch in der dritten Runde den Takt beibehalten, wird das Tempo in zwei Stufen wieder reduziert, sodass das Spiel mit dem langsamen Rhythmus endet.

Haben die Kinder den Rhythmus gut durchhalten können, klatscht die Spielleitung in der nächsten Runde einen schwierigeren Rhythmus vor.

Wer bringt uns aus dem Rhythmus?

Alter: ab 5 Jahren

Vier Kinder sitzen in der Kreismitte und singen gemeinsam die erste Strophe eines bekannten Kinderlieds. Die anderen Kinder im Stuhlkreis versuchen, die Kinder aus dem Rhythmus zu bringen, indem sie laut und – ausnahmsweise – unrhythmisch mit den Fingern schnippen, mit der Zunge schnalzen oder in die Hände klat-

schen. Können die vier Kinder die Strophe nicht zu Ende singen, tauschen sie mit anderen Kindern die Rollen. Lassen sie sich jedoch nicht aus dem Rhythmus bringen, müssen sie die nächste Strophe summen.

Der Rhythmuskreisel

Alter: ab 5 Jahren
Material: 1 Wolldecke

Ein Kind legt sich in der Kreismitte mit dem Rücken auf eine Wolldecke und schließt seine Augen. Um die Decke herum platzieren sich acht Kinder, die gemeinsam mit den übrigen Kindern im Stuhlkreis ein Lied anstimmen. Die sitzenden Kinder klatschen im Takt in die Hände, während die stehenden Kinder die Decke anheben und mit dem Kind im Kreis herumgehen. Dabei passen sie ihre Schritte dem Klatschen der anderen Kinder an.

Ist das Lied zu Ende, bleiben die acht Kinder stehen und setzen die Decke vorsichtig wieder ab, sodass das Kind von der Decke bequem aufstehen kann. Anschließend werden die Rollen gewechselt.

So ein Quatsch!

18 Spiele zum Scherzen, Blödeln und Lachen

Miteinander spielen und dabei nach Herzenslust jede Menge Quatsch und Unsinn machen ist für alle Kinder mit viel Spaß und Freude verbunden. Gerade Kinder im Grundschul- und Kindergartenalter sind auf Grund ihrer kindlichen Wesensart, Spontaneität und Begeisterungsfähigkeit noch besonders leicht für Blödeleien und Scherze zu haben. Deshalb bieten gerade Spiele zum Scherzen, Blödeln und Lachen einen nicht zu unterschätzenden Vorteil gegenüber manchmal eher trockenen „Lernspielen", denn hier verfolgen wir keinen besonderen Zweck, sondern es geht hauptsächlich um den Spaß an der Sache!

Einen besonderen Nebeneffekt können die Spiele aber durchaus für uns Erwachsene haben: Oftmals lassen wir uns vom Herumalbern und von der Ausgelassenheit der Kinder anstecken und finden dabei die kindliche Seite in uns wieder, sodass viele Spiele von lautem Gelächter auf allen Seiten begleitet werden!

Strubbel-Flöhe

Alter: ab 3 Jahren

Alle Kinder stehen auf und reichen sich die Hände zum Kreis. Die Spielleitung steht in der Kreismitte und sagt: *„Alle Kinder stapfen wie ein Bär im Kreis herum!"* Alle Kinder werden zu Bären und tapsen im Wiegeschritt im Kreis herum. Nach einer Runde kündigt die Spielleitung das nächste Tier an: *„Alle Kinder schleichen wie eine Katze im Kreis herum!"* Leise schleichend und miauend verwandeln sich die Bären in Katzenkinder. Sagt die Spielleitung aber: *„Alle Kinder springen wie ein Floh!"*, lassen sich die Kinder los und hüpfen mit ihren Fingern über die Köpfe ihrer NachbarInnen, wobei sie sich gegenseitig die Haare verstrubbeln.

Unsinnswörter

Alter: ab 4 Jahren

Jedes Kind denkt sich ein Unsinnswort wie „Pippilanghose", „Wackelbabbelente" oder „Quietschameisenflugtanz" aus. Wer ein Wort gefunden hat, hebt die Hand und flüstert wie bei dem bekannten Spiel „Stille Post" einem seiner Nachbarn das Wort leise, aber deutlich ins Ohr. Dieser gibt das Wort ebenfalls flüsternd an seinen nächsten Nachbarn weiter usw., bis es das Ausgangskind wieder erreicht hat. Bestimmt hat das ursprüngliche Wort auf seinem Weg so manch witzige Veränderung erfahren...

Grimassen schneiden

Alter: ab 3 Jahren
Material: Musik

Fünf Kinder stellen sich in der Kreismitte auf und tanzen zum Rhythmus der Musik. Stoppt die Musik, suchen sich alle eines der Kinder im Kreis aus und schneiden vor ihm wilde Grimassen: Sie verdrehen die Augen, wackeln mit den Ohren, strecken die Zunge bis zur Nasenspitze heraus oder verziehen das Gesicht mit den Händen zu einer Fratze.

Fängt ihr Gegenüber an zu lachen, bevor die Musik wieder erklingt, tauschen die Kinder ihre Rollen. Wenn nicht, tanzt der Grimassenschneider eine weitere Runde im Kreis und versucht sein Glück beim nächsten Musikstopp bei einem anderen Kind.

Der Schüttel-Rüttel-Sitztanz

Alter: ab 3 Jahren
Material: Musik

Alle Kinder reichen sich die Hände zum Kreis. Erklingt die Musik, beginnt die Spielleitung nach dem Rhythmus der Musik ihre Füße zu schütteln. Nach einer Weile kommen auch die Beine, der Oberkörper, die Schultern, der Kopf und schließlich auch die Arme und Hände hinzu. Die Kinder ahmen sämtliche Bewegungen der Spielleitung nach, sodass sich zum Schluss nicht nur alle Kinder selbst rütteln und schütteln, sondern durch die Handhaltung auch ihre NachbarInnen lustig durchschütteln.

Hat der Tanz seinen Höhepunkt erreicht, wird der Schüttel-Rüttel-Sitztanz in umgekehrter Reihenfolge langsam wieder beendet.

Quatsch-Puppe

Alter: ab 4 Jahren
Material: 1 große Handpuppe für Rollenspiele

Die Spielleitung geht mit der Handpuppe im Kreis herum und macht jede Menge Faxen und Unsinn. Die Kinder müssen dabei möglichst ernst bleiben und keine Miene verziehen. Doch spätestens, wenn die Spielleitung mit der Puppe auf einzelne Kinder zugeht, sie am Pullover oder am Ohrläppchen zupft oder spielerisch in den Bauch piekst, ist es um die Beherrschung geschehen: Prusten die Kinder lachend heraus, darf eines der Kinder die Handpuppe übernehmen und mit ihr im Kreis Faxen machen, um die Gruppe zum Lachen zu bringen.

Spritz-Spaß

Dieses Spiel garantiert bei Sonnenschein viel Wasserspaß und Gelächter!

Alter: ab 3 Jahren
Material: mehrere Regenschirme und Blumenspritzen oder Spritztiere

Vier Kinder erhalten ein mit Wasser gefülltes Spritztier oder eine Blumenspritze und stellen sich damit in der Kreismitte auf. Die übrigen Kinder schließen sich mit einem ihrer Sitznachbarn zu zweit zusammen. Jedes Paar nimmt sich einen Regenschirm und stellt ihn aufgespannt vor seinen Stühlen auf.

Alle Kinder verfolgen die kurze Erzählung der Spielleitung und bewegen sich entsprechend: *„Scheint die Sonne, stehen wir vergnügt auf! *** Doch halt, was ist das? *** Es regnet! Schnell weg, sonst werden wir nass!"* Die Worte *„es regnet"* sind das Signal für die Kinder in der Kreismitte: Sie spritzen möglichst viele der stehenden Kinder nass, die sich bei dem letzten Satz der Spielleitung zu zweit unter ihren Schirm retten.

Die vier Kinder, die am nassesten geworden sind, revanchieren sich in der nächsten Runde und spritzen die anderen nass!

Klamotten-Polonaise

Alter: ab 4 Jahren
Material: Musik

Die Kinder holen sich von der Garderobe möglichst viele eigene zusätzliche Anziehsachen: Jacken, Halstücher, im Winter auch Mützen und Handschuhe usw.
So angezogen kommen sie im Innenkreis zu einer Polonaise zusammen: Sie stellen sich hintereinander auf, fassen sich an den Hüften und bewegen sich zur Musik im Kreis herum. Stoppt die Musik, finden sich die Kinder paarweise zusammen und verteilen sich im Kreis. Die Spielleitung ruft ihnen ein Kleidungsstück zu, z. B.

Jacke, Pullover, Schuhe oder Mütze, und die Kinder tauschen das entsprechende Kleidungsstück untereinander aus! Setzt die Musik wieder ein, trennen sich die Paare und tanzen erneut in der Polonaise durch den Kreis.

Nach vier bis fünf Durchgängen betrachten sich die Kinder mit ihren „neuen" Sachen im Spiegel: Wer hat die schlabberndsten Jackenärmel vorzuweisen? Wer kann seinen Kopf nicht durch den Halsausschnitt des neuen Pullovers stecken? Und wer sieht aus wie ein bunter Papagei mit grünen Schuhen, roter Jacke, lilafarbenem Pulli und gelben Handschuhen?

Naschkatzen auf Beutefang

Alter: ab 4 Jahren
Material: mehrere kleine Schokoküsse pro Kind, 1 große Tischdecke

In der Stuhlkreismitte breitet die Spielleitung die Tischdecke aus und legt die Schokoküsse darauf.
Die Kinder setzen sich in den Stuhlkreis und spielen Naschkatzen. Auf ein Signal der Spielleitung krabbeln alle gleichzeitig auf allen Vieren los, um einen Schokokuss

mit dem Mund aufzunehmen. Sie transportieren ihn vorsichtig zu ihrem Stuhl und setzen ihn auf der Sitzfläche ab – ohne ihn mit den Händen zu berühren! Schnell machen sie sich wieder auf den Weg, um noch weitere Schokoküsse einzusammeln.

Ist der letzte Schokokuss von der Decke verschwunden, zählen die Naschkatzen ihre Beute: Wer die meisten Schokoküsse ergattert hat, sucht sich entsprechend der Anzahl mehrere Kinder aus, die ihn alle gleichzeitig füttern dürfen. Die Naschkatze selbst darf dabei wiederum nicht ihre Hände zu Hilfe nehmen! Zum Schluss verspeisen auch alle anderen Naschkatzen ihre Schokoküsse.

Wer steckt im Lachsack?

Alter: ab 4 Jahren
Material: 1 Augenbinde, 1 großer, luftdurchlässiger Sack, 1 Schnur

Einem Kind werden die Augen verbunden. Kann es nichts mehr sehen, steigt ein anderes Kind schweigend in den Sack, dessen Öffnung die Spielleitung locker zubindet, damit der Sack nicht aufgeht.
Sie führt das blinde Kind zu dem Sack. Es muss das Kind im Sack solange kitzeln, bis es anfängt zu lachen. Kann es das Kind an seiner Lache erkennen, muss dieses in der nächsten Runde ein anderes Kind erraten.

Der Blödel-Ententanz

Der bekannte Ententanz, der bei nahezu keiner Faschingsveranstaltung fehlt, bietet sich auch für das folgende Tanzspiel an.

Alter: ab 4 Jahren
Material: Ententanz-Musik

Zwei Kinder stellen sich in die Kreismitte und blicken sich in die Augen. Erklingt die Musik, dürfen sie dazu ausgiebig miteinander tanzen und herumblödeln. Zum Rhythmus der Musik klatschen die anderen Kinder im Kreis laut mit.
Stoppt die Musik plötzlich, verabschieden sich die beiden tanzenden Kinder voneinander und suchen sich einen neuen Partner. Auf diese Art wird das Spiel immer weitergeführt, bis schließlich alle Kinder in der Kreismitte tanzen und dabei Unsinn machen. Zur Melodie des Ententanzes können die Kinder im Takt...

- quaken wie eine Ente,
- sich die Zunge herausstrecken,
- sich gegenseitig mit dem Po berühren,
- sich mit den Zeigefingern auf die Nase tippen etc.

Wasserbomben-Kreisverkehr

Ein spritziges Wasserspiel, das am besten im Sommer im Freien gespielt wird!

Alter: ab 4 Jahren
Material: Luftballons, Badesachen

Drei Luftballons werden mit Wasser gefüllt und zugeknotet. Die Kinder bilden einen großzügigen Stuhlkreis und drei von ihnen erhalten jeweils eine der Wasserbomben.

Klatscht die Spielleitung in die Hände, werfen die Kinder die Wasserbomben im Uhrzeigersinn ihrem jeweiligen Nachbarn zu, der sie auffängt und ebenfalls weiterwirft. Die Kinder müssen gut Acht geben, damit sie keine der ankommenden Wasserbomben verpassen, denn dabei gibt es kein Pardon – wer sich seinem Nachbarn nicht rechtzeitig zuwendet, um sie aufzufangen, muss eine Dusche über sich ergehen lassen!

Haben die Wasserbomben jedoch zwei oder drei Runden im Kreis heil überstanden, klatscht die Spielleitung nochmals in die Hände. Jetzt rufen die Wasserbombenbesitzer irgendein Kind im Kreis mit Namen auf und werfen ihm sofort den Ballon zu. Auch hier gilt: Wer nicht aufpasst und seinen Namen verschläft, bekommt eine kleine Abkühlung!

Wer sitzt als Letzter noch auf dem Trockenen?

Hinweis: Die Spielleitung sorgt stetig für Nachschub an Wasserbomben!

Elefanten fangen

Kinder lieben Papiertröten, die oft als Partyspaß z. B. zu Karneval verkauft werden. Meist haben sie jedoch wenig Gelegenheit, sie einzusetzen oder die Erwachsenen sind genervt von den durchdringenden Tönen, sodass die Tröte schnell in der Ecke landet. Bei diesem Spiel können die Kinder nach Herzenslust tröten, so viel sie wollen!

Alter: ab 4 Jahren
Material: pro Kind 1 Papiertröte

Drei Kinder werden als „ElefantenfängerInnen" ausgewählt und stellen sich in die Kreismitte. Alle anderen Kinder spielen die „Elefantenherde" und erhalten dazu alle eine Papiertröte, die sich beim Hineinblasen wie ein Rüssel nach vorn entfaltet.
Die Fängerkinder laufen langsam im Kreis an den sitzenden „Elefanten" vorbei, um sie abzuschlagen. Die „Elefanten" vertreiben die Fänger, indem sie ihren Rüssel mit einem lauten „*Tröröh*" ausfahren – nun dürfen sie nicht abgeschlagen werden. Fährt ein Elefantenkind seinen Rüssel jedoch nicht rechtzeitig aus und kann abgeschlagen werden, tauscht es mit dem Fänger die Rollen.

Das Kritzel-Kratzel-Kitzelspiel

Alter: ab 3 Jahren

Alle Kinder setzen sich hintereinander in den Kreis, sodass sie den Rücken des vor ihnen sitzenden Kindes mit den Händen berühren können. Ein Kind beginnt und sagt unaufhörlich „*Kritzel-kratzel, kritzel-kratzel...*", während alle Kinder mit ihrem Zeigefinger ein imaginäres Kritzelbild auf den Rücken des vor ihnen sitzenden Kindes malen. Sagt das Kind irgendwann laut „*Kritzel – lass uns gegenseitig kitzeln*", müssen alle Kinder sofort reagieren und ihren Partner unter den Achseln kitzeln.

Überraschungs-Clowns

Sich selbst und andere zu schminken bereitet Kindern auch über die 5. Jahreszeit hinaus immer viel Spaß!

Alter: ab 4 Jahren
Material: pro Kind 1 Schminkstift, 1 Handtrommel

Alle Kinder sitzen im Stuhlkreis und erhalten jeweils einen Schminkstift. Die Spielleitung beginnt zu trommeln, und alle Kinder laufen im Innenkreis umher. Verstummt die Trommel mit einem letzten, kräftigen Schlag, suchen sich alle Kinder einen freien Platz. Sie wenden sich einem ihrer Nachbarn zu und bemalen sich gegenseitig parallel die Gesichter.

Beginnt die Trommel wieder zu schlagen, stehen alle Kinder auf und laufen im Kreis durcheinander, bevor sie sich bei der nächsten Malrunde mit einem neuen Partner im Kreis zusammenfinden.

Nach einigen Durchgängen schauen sich alle Kinder im Spiegel an: Wer hat das lustigste und verrückteste Clown-Gesicht?

Bewegungsquatsch

Alter: ab 4 Jahren
Material: Musik

Im Takt der Musik beginnt eines der Kinder im Kreis, eine lustige Quatsch-Bewegung zu machen: Es streckt die Zunge heraus, deutet mit dem Zeigefinger auf die Stirn, klatscht mit den Händen auf den Po oder verzieht das Gesicht im Takt zu einer Grimasse. Die anderen Kinder müssen alle Bewegungen des Kindes nachahmen, bis es einem anderen Kind zublinzelt, dass nun die Führungsrolle übernimmt.

Lustige Gesichter

Alter: ab 5 Jahren
Material: pro Kind 1 DIN A4 Blatt und
1 Wachsmalstift

Alle Kinder setzen sich hintereinander in
den Stuhlkreis und erhalten je eines der
Blätter sowie einen Wachsmalstift. Als
Malunterlage dient der Rücken des vor ihnen sitzenden Kindes.
Alle Kinder beginnen ein Gesicht zu malen, wobei sie aber zunächst nur einen
großen Kreis als Umriss zeichnen.
Sind alle Kinder fertig, reichen sie ihr
Blatt dem vor ihnen sitzenden Kind. Alle
malen nun auf das neue Blatt zwei lustige
Augen, die z. B. besonders groß oder klein
sind, schielen oder schief stehen. Sie geben das Blatt wieder nach vorn weiter und
zeichnen in der nächsten Runde eine Nase (Hakennase, Stupsnase...) und in der
vierten Runde Münder, bis schließlich alle ein vollständiges Gesicht in den Händen halten.
Alle Kinder wenden sich zur Kreismitte
und halten die Gesichter hoch – die lusti-
gen, bunten Fratzen werden für manchen
Lacher sorgen!

Ferkelgesang

*Eine bekannte Kindermelodie wie „Alle
meine Entchen" oder „Fuchs, du hast die
Gans gestohlen" können Kinder nicht nur
singen, summen oder pfeifen, sondern auch
mithilfe von Tiergeräuschen vortragen!*

Alter: ab 5 Jahren

Die Kinder bilden mehrere Gruppen. Jede
Gruppe überlegt sich ein Lied, das alle gut
kennen und dazu ein Tier, mit dessen
Lauten sie das Lied vortragen wollen: Sie
können z. B. wie ein Wolf
heulen, wie ein Ferkel
quieken oder wie eine
Ente quaken.
Nach einer kurzen Übungs-
phase stellen die Gruppen
ihre Lieder einander vor:
Erraten die anderen Kin-
der, um welches
Tier und vor allem
um welches Lied
es sich jeweils
handelt?!

Krokodil am Nil

Auf einer anstrengenden Expedition in Ägypten kann es kleinen ForscherInnen schon mal so richtig heiß werden. Da ist ein Fußbad im Nil eine willkommene Abwechslung! Allerdings soll es dort Krokodile geben, die besonders gern „Kinderfüße" zu Mittag verspeisen...

Alter: ab 3 Jahren

Alle Kinder ziehen ihre Schuhe aus. Zwei von ihnen spielen Krokodile und robben auf dem Bauch unter den Stühlen hindurch auf der Jagd nach Kinderfüßen! Die Krokodilkinder greifen mit einer Hand durch die Stuhlbeine hindurch, um einen Fuß zu erwischen und festzuhalten. Die Kinder geben gut Acht und strecken jedes Mal, wenn sich eins der Krokodile nähert, ihre Beine gerade nach vorn parallel zum Boden aus, sodass das Krokodil ihre Füße nicht erreichen kann.

Sie dürfen ihre Füße dazu nicht einfach auf den Stuhl stellen, denn in der beschriebenen Haltung können sie nicht allzu lange verharren und sind gezwungen, die Beine zur Entspannung wieder nach unten baumeln zu lassen – die Chance für das Krokodil! Hat es einen Kinderfuß geschnappt, tauscht das Kind mit ihm die Rolle.

Anhang

Spieleregister

Literatur

Spiele zum Kennenlernen

Baum, Heike und Bücken, Hajo: Wir freuen uns schon auf Dich, Die Neuen bei uns Willkommen heißen, Burckhardthaus-Laetare, Offenbach/M. 1997.

Breucker, Annette: Wir machen was im Kindergarten, Das Spiele-Handbuch für Kindergarten, Hort und Familie, Ökotopia, Münster 2. Aufl. 2000.

Bröder, Monika: Das erste Jahr im Kindergarten, Anregungen und Hilfen für einen gelungenen Start, Herder, Freiburg 3. Aufl. 2000.

Haefele, Bettina und Wolf-Filsinger, Maria: Aller Kindergarten-Anfang ist schwer, Hilfen für Eltern und Erzieher, Don Bosco, München 6. Aufl. 1997.

Jüntschke, Ilse: Abschied und Neubeginn im Kindergarten, Anregungen und Vorschläge für Erzieherinnen, Kaufmann, Lahr 1998.

Spiele für eine ausgeglichene Gruppenatmosphäre

Baum, Heike: Klein und groß, auf los geht's los, Spielideen für altersgemischte Gruppen, Herder, Freiburg im Breisgau 1999.

Biermann, Ingrid: Miteinander umgehen lernen, Geschichten, Lieder und Spiele für Kindergruppen, Don Bosco, München 1998.

Breucker, Annette: Da ist der Bär los..., Mit-Spiel-Aktionen für kleine und große Leute, Ökotopia, Münster 6. Aufl. 1998.

Fuchs, Birgit: Spiele für das Gruppenklima, Don Bosco, München 3. Aufl. 2001.

Vom Wege, Brigitte und Wessel, Mechthild: Spielketten und Spielaktionen, Tolle Spielideen für Kindergruppen, Herder, Freiburg im Breisgau Bd. 1 2000 und Bd. 2 2001.

Spiele für das Bewegungsbedürfnis

Erkert, Andrea: Bewegungsspiele für Kinder, Körpererfahrung und Bewegungsförderung für jeden Tag, Don Bosco, München 2001.

Geissler, Uli: Wilde Spiele, Spiele, Spaß und Abenteuer für tobelustige und verwegene Gruppen, Ökotopia, Münster 4. Aufl. 1995.

Kasprik, Birgit: Wi-Wa-Wunderkiste, Mit dem Rollreifen auf den Krabbelberg,

Spielanimation und Bewegungsanimation für Kinder ab einem Jahr, Ökotopia, Münster 2. Auflage 1997.

Schneider, Monika: Gymnastik-Spaß für Rücken und Füße, m. Audio-CD, Gymnastikgeschichten und Spiele mit Musik für Kinder ab 5 Jahren, Ökotopia, Münster 1997.

Wilmes-Mielenhausen, Brigitte: Das Hüpfe Kletter Purzel Buch, Wie Kinder mit Spiel und Spaß in Bewegung kommen, Christophorus, Freiburg im Breisgau 2001.

Spiele zur Wahrnehmungsförderung

Erkert, Andrea: Inseln der Entspannung, Kinder kommen zur Ruhe mit 77 phantasievollen Entspannungsspielen, Ökotopia, Münster 5. Aufl. 2003.

Dies.: Kinder brauchen Stille, Entspannungsspiele für Frühling, Sommer, Herbst und Winter, Don Bosco, München 2. Aufl. 2000.

Dies.: Spiele zur Sinnesförderung, Don Bosco, München 2. Aufl. 2001.

Dies.: Kinder entdecken die Natur, Erlebnisspiele mit kleinen Kindern, Kösel, München 2002.

Wilken, Hedwig: Voll Sinnen spielen, Wahrnehmungsräume und Spielräume für Kinder ab 4 Jahren, Spiele und Übungen, Ökotopia, Münster 2. Aufl. 1998.

Fingerspiele

Cavelius, Andrea-Anna: Rituale für Kinder in Reimen, Liedern und Fingerspielen, Südwest, München 1998.

Kohlhepp, Bernd: Lustige Fingerspiele für Klein und Groß, Kösel, München 1998.

Nitsch, Cornelia: Lirum, Larum, Fingerspiel, Klassische und neue Kinderreime zum Vorlesen, Vortragen und Mitmachen, Mosaik, München 2000.

Probst, Petra: Das ist der Daumen, Beliebte Fingerspiele, ars edition, München 2000.

Willich, Beate: Alte & neue Fingerspiele, Tolle Ideen für kleine und große Hände. Zur Förderung von Feinmotorik und Sprachentwicklung. Über 120 originelle und schöne Reime, Verse und Spiele aus zwei Jahrhunderten, Südwest, München 2000.

Spiele zur Stärkung des Selbstbewusstseins

Braun, Gisela: Ich sag NEIN! Arbeitsmappe gegen den sexuellen Missbrauch an Mädchen und Jungen, Verlag a. d. Ruhr, Mühlheim überarb. Neuauflage 1999.

Braun, Heike: Starke Kinder haben's leichter, Spielerisch das Vertrauen in die eigene Kraft stärken, Herder, Freiburg im Breisgau 2. Aufl. 1999.

Erkert, Andrea: Liebe Schnecke, komm heraus!, Spiele und Anregungen zur Förderung des Selbstwertgefühls und des sozialen Verhaltens, Ökotopia, Münster 2. Aufl. 2002.

Dies.: Spiele zum Abbau von Aggressivität, Don Bosco, München 2003.

Schneider, Sylvia: Mein Körper ist mein Haus, Eine spielerische Entdeckungsreise für Kinder, Christophorus, Freiburg im Breisgau 2000.

Spiele zur Förderung des Rhythmusgefühls

Bastian, Hans G.: Kinder optimal fördern – mit Musik, Intelligenz, Sozialverhalten und gute Schulleistungen durch Musikerziehung, Schott, Mainz 2001.

Hart, Avery und Mantell, Paul: Wippen und Schnippen von Haydn bis HipHop, Klasse 1-5, Verlag an der Ruhr, Mühlheim 2001.

Hering, Wolfgang: Aquaka Della Oma, 88 alte und neue Klatsch- und Klanggeschichten, Mit Musik und vielen Spielideen, Ökotopia, Münster 2. Aufl. 1998 (dazu gleichnamige CD).

Hirler, Sabine: Kinder brauchen Musik, Spiel und Tanz, Bewegt-musikalische Spiele, Lieder und Spielgeschichten für kleine und große Kinder zur Gestaltung des musikantischen Alltags in Spielgruppen, Kindergärten, Grundschulen und für zu Hause, Ökotopia, Münster 2. Aufl. 1999 (dazu gleichnamige CD).

Stöcklin-Meier, Susanne: Eins, zwei, drei – Ritsche, ratsche, rei, Kinderspielverse zum Lachen, Hüpfen und Tanzen, Kösel, München 1999 (dazu gleichnamige MC und CD).

Spiele zum Scherzen, Blödeln und Lachen

Neubacher-Fesser, Monika: Würfeltier, komm spiel mit mir. Lustige Bastel- und Spielideen, Christophorus, Freiburg im Br. 1999.

Schmalenbach, Heinz: Lustige Minisketche für Kinder, Falken, Niedernh. 1998.

Stöcklin-Meier, Susanne: Eins, Zwei, Drei, Ritsche, Ratsche, Rei, Kinderspielverse zum Lachen, Hüpfen und Tanzen, Kösel, München 1999.

Walter, Gisela und Rübel, Doris: Lirum-Larum-Löffelspiel, Lustige Spiele beim Kochen, Putzen und Einkaufen, Kösel, München 2003.

Wilfert, Stefan: Spiel mit. Mach Quatsch, Über 100 lustige Spielideen, Ravensburger, Ravensburg 1998.

Die Autorin

Andrea Erkert

(geb.1967) ist Erzieherin, Entspannungspädagogin und Fachlehrerin einer Grundschulförderklasse in der Nähe von Stuttgart. Seit mehreren Jahren bietet sie Seminare für Eltern, ErzieherInnen und LehrerInnen u.a. zu den Themen Entspannung, Bewegung, Gewaltprävention, Naturerfahrung, Sprachförderung und Stuhlkreisspiele im In- und Ausland an. Bisher hat sie 10 Bücher veröffentlicht (s. Literatur). Anfragen für ganz- oder halbtägige Seminarveranstaltungen unter der folgenden Adresse (bitte € 1,53 in Briefmarken beilegen):

Andrea Erkert, Seelacher Weg 79, 71522 Backnang
Tel.: 0 71 91 / 90 83 57 oder 01 62 / 7 34 37 92, Fax: 0 71 91 / 90 83 59
E-Mail: andrea.erkert_florida-sun@t-online.de

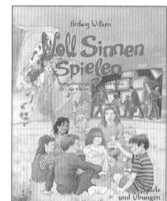

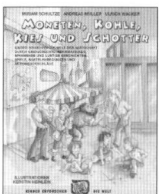

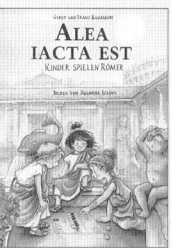

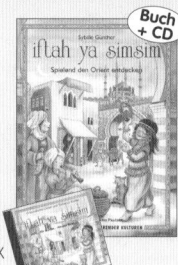